中国知网(CNKI)全文收录

功能路径翻译研究

第二辑

司显柱　常晨光 / 主编

·广州·

版权所有　翻印必究

图书在版编目（CIP）数据

功能路径翻译研究. 第二辑/司显柱，常晨光主编. —广州：中山大学出版社，2024.4
ISBN 978 - 7 - 306 - 08075 - 2

Ⅰ.①功… Ⅱ.①司…②常… Ⅲ.①翻译理论—研究 Ⅳ.①H059

中国国家版本馆 CIP 数据核字（2024）第 072466 号

GONGNENG LUJING FANYI YANJIU · DI-ER JI

出 版 人：	王天琪
策划编辑：	熊锡源
责任编辑：	熊锡源
封面设计：	林绵华
责任校对：	赵琳倩
责任技编：	靳晓虹
出版发行：	中山大学出版社
电　　话：	编辑部 020 - 84110283，84113349，84111997，84110779，84110776
	发行部 020 - 84111998，84111981，84111160
地　　址：	广州市新港西路 135 号
邮　　编：	510275　　传　　真：020 - 84036565
网　　址：	http://www.zsup.com.cn　E-mail：zdcbs@mail.sysu.edu.cn
印　　刷　者：	广东虎彩云印刷有限公司
规　　格：	880mm×1230mm　1/32　7.5 印张　210 千字
版次印次：	2024 年 4 月第 1 版　2024 年 4 月第 1 次印刷
定　　价：	40.00 元

如发现本书因印装质量影响阅读，请与出版社发行部联系调换

《功能路径翻译研究》编辑委员会

顾问：黄国文　张美芳

主任：司显柱　常晨光

委员（按姓氏拼音排序）

　　　陈　旸（华南农业大学）

　　　何　伟（北京外国语大学）

　　　李发根（江西师范大学）

　　　刘　毅（深圳大学）

　　　王红阳（宁波大学）

　　　王　勇（中山大学）

　　　熊锡源（中山大学出版社）

　　　杨炳钧（中山大学）

　　　于　晖（北京师范大学）

　　　曾　蕾（中山大学）

目录

评价理论视域下中英学术话语反应资源的对比与翻译研究 ……
……………………………………… 邹琴琴　司显柱 / 1

系统功能语言学和批评话语分析在翻译研究中的应用 …………
………………………… 张美芳　林雪仪　潘韩婷 / 19

中外学者学术语篇立场标记语对比
　　——兼议对翻译策略的启示 ……………………………………
………………………… 刘雨菲　王　乐　于　晖 / 34

投射符际翻译的再现功能模式构建
　　——以国学经典漫画为例 ………………………………………
………………………… 曾　蕾　朱薪羽　叶　岚 / 55

再实例化与再语境化视角下的翻译拓扑模型构建 ………………
……………………………………………………… 刘　毅 / 76

中美领导人生态话语的对比与翻译
　　——生态语言学视角 ……………………………………………
谢桂霞　韦　倩　夏凤琪　马韵恬　梁颖雯　欧娟伶 / 87

韩礼德的功能—层次矩阵理论与翻译分类分级建构 ……………
……………………………………………………… 李发根 / 114

再示例化理论视域下之"夸父逐日"写译研究 ………………
……………………………………… 李忠华　卢　健 / 128

中央政治文献英译文中的名词化应用及其效果
　　——以党的二十大报告为例 ……………… 李煜敏 / 150

功能语境视角下的外宣翻译 ……………………… 常晨光 / 165

New Development in Applying Systemic Functional Linguistics to Translation Studies: Theory and Methodology ………………
………………………………………… Yu Yingchen / 185

"翻译中国"的功能路径
　　——第二届全国功能路径翻译研究学术论坛综述 …………
………………………………………………… 芈　岚 / 220

评价理论视域下中英学术话语反应资源的对比与翻译研究[*]

邹琴琴　司显柱[**]

摘要： 本文以评价理论为研究框架，以自建的文学、语言学、翻译学中文学术英译著作，对应的中文原作以及相同主题的英文母语学术著作三个语料库为研究语料，采取语料库的定量与定性相结合的研究方法，从宏观与微观层面对比与分析评价理论鉴赏系统下三个语料库反应资源的使用异同。研究发现，"中文译作"与"中文原作"反应资源的翻译对等，"中文译作"与"英文原作"的反应资源在词语的选择、表达习惯和使用频率等方面存在细微差异。上述发现对我国中华学术话语反应资源的外译有一定的启示意义。

关键词： 反应资源　学术话语　评价理论　对比与翻译

---

[*] 本文系 2019 年度北京市社会科学基金重大项目"中外学术话语对比与对外翻译策略研究"（编号：19ZDA13）的阶段性成果。

[**] 邹琴琴，陕西科技大学文化与教育学院翻译硕士研究生，研究方向：翻译理论。司显柱，博士，北京第二外国语学院二级教授，陕西科技大学外语学科特聘教授，研究方向：翻译理论、系统功能语言学。

1. 引言

学术话语的建构过程不仅强调知识的客观与严谨，还不可避免地掺杂作者/说话者对研究对象与读者的观点、态度和立场，涉及建立对话学科共同体的社会互动（姜峰，2020）。以系统功能语言学理论为基础的翻译研究认为，译者在处理学术话语外译的过程时，既要完整传递原文蕴含的概念意义，又应该最大程度向目的语读者传递源文本的人际意义。以马丁为代表的评价理论是系统功能语言学在人际意义方面的延展，认为作者/说话者通过运用评价型词汇语法系统表达立场或观点，并以难以察觉的方式向读者灌输个人的思想，成功实现社会互动。评价理论是迄今为止最完善的态度分析工具（张先刚，2007：35），早已应用在语篇分析、翻译和外语教学等各个领域（刘世铸，2010：34）。本文以评价理论为指导，基于自建的文学、语言学、翻译学领域的中文学术英译著作（以下称为"中文译作"），对应的中文原著（以下称为"中文原作"）以及相同主题的英文母语学术著作（以下称为"英文原作"）三个语料库，定性研究与定量研究相结合、宏观分析与微观分析相统一，对比"中文译作"与"中文原作"反应资源的翻译是否对等，分析"中文译作"与"英文原作"反应资源的词语选择、表达习惯和使用频率的异同，为学术话语翻译研究和实践提供启发与借鉴。

2. 评价理论与翻译研究

评价理论是关于人际意义的赋值系统（司显柱、庞玉厚，2018），分为态度（attitude）、级差（graduation）和介入（engagement）三大支系统。态度作为评价理论的核心，是对情感、人品以及事物价值的评价，分为情感（affect）、判定（judgment）和鉴赏（appreciation）子系统；级差指对情感、人品好坏、事物价值等评价程度的差异，分为自言（monogloss）和借言（heterogloss）子系统；介入则是指态度的来源，既可以来自作者本人，也可能来自他者，分为语势（force）和聚焦（focus）子系统（王振华，2001）。

本文聚焦于作者/说话者对态度资源的选择。由于学术语言讲求客观、公正，极少谈及主体的情感和判定，更多的是对事物、现象、命题及他人言论的鉴别，故研究不涉及作者表达态度立场时所做的情感表达和道德评判，而关注具有美学评价价值的鉴赏系统及其子系统反应（reaction）、平衡（composition）和估值（valuation）。囿于篇幅，本文单从反应参数视角切入，平衡和估值部分将另文论述。

反应系统关注事物是否引起评价者注意，是否对此有反应，可分为影响（impact）和品质（quality）子系统。影响是对事物能够触发审美反应的效力和冲量的描写和鉴赏，回答"Did it grab me?"；品质的内涵涉及事物的特质、品位、素养和能力等，回答"Did I like it?"（Martin & Rose，2003；Martin & White，2003；刘璇、徐玉臣，2011），有正负之分，表达方式分为直接式和隐含式。

3. 语料收集与分析

本文的研究语料包括：选自以英语形式在国外权威出版机构出版的我国哲学社会科学成果中的文学（各5本）、语言学（各5本）、翻译学（各4本）外译著作，即"中文译作"（14种）；上述学科中华学术英译汉语原著，即"中文原作"（14种）；以及同学科国际学者英语著作，即"英文原作"（14种）。共计42本书籍。本文对HanLP（Han Language Processing）预处理后的中文语料进行分词和词性标记，运用NLTK（Natural Language Toolkit）对英文语料进行词性标记，由此统计出每个子语料库的文章总数、总句数、总词数及总字数（见表1）。

表1 各个语料库篇章、句子、词、字情况统计

项	"中文原作"	"中文译作"	"英文原作"
总句数/个	87,186	83,230	53,614
总词数/个	1,700,442	1,891,706	1,292,015
总字数/个	3,049,109	—	—
平均句长	19.5036 字	22.7287 词	24.0985 词
平均词长	—	5.0505	5.0260

"中文原作"与"中文译作"的语料库的总句数分别为87,186和83,230，总词数分别是1,700,442和1,891,706，句子总数、词语总数差别不是很大。同样是14本著作，"英文原作"比"中文译作"少将近3万个句子、6万个词语，而二者的平均句长和词长相差较小，因此平均到每本著作上，"英文原作"著作平均比"中文译作"少2116个句子，约43,000个词语。

对各子语料库篇章、句子、词和字等情况进行统计后，本文通过寻找评价事物影响的 arresting 或 uninviting、评价事物品质的 splendid 或者 plain 的近义词，并综合考虑表述相近意义的副词、名词和动词，汇集之后剔除因一词多词性而引起的重复，汇编出"英语学术性直观反应词表"，共计557个词语。基于前述词表，借助翻译、汉语同义词在线词典等手段得到"汉语学术性直观反应词表"，共计101个词语。此外，再将英、汉语学术性直观反应词表与已经分词的英、汉语料进行匹配，得到如下语料库反应词语分布数据（见表2）。

表2 语料库反应词语分布统计

语料库	种类数	总数	占比/%	top 30 反应词语/%
"中文原作"	71	3,239	0.1905	好(0.0551)、美(0.0104)、普通(0.0102)、重复(0.0091)、生动(0.0052)、正常(0.0051)、有趣(0.0049)、吸引(0.0044)、朴素(0.0035)、幽默(0.0032)、机械(0.0029)、单一(0.0028)、寻常(0.0018)、打动(0.0016)、低级(0.0015)、质朴(0.0015)、平常(0.0014)、引人注目(0.0014)、平淡(0.0014)、单调(0.0013)、无聊(0.0012)、僵化(0.0012)、青睐(0.0008)、优(0.0008)、诙谐(0.0008)、纯朴(0.0006)、平凡(0.0006)、中常(0.0005)、朴实(0.0005)、素朴(0.0005)
"中文译作"	248	12,049	0.6311	great(0.0608)、good(0.0576)、common(0.0512)、beauty(0.0174)、quality(0.0163)、call(0.0158)、simple(0.0151)、pointed(0.0145)、pronounced(0.0145)、ordinary(0.0112)、interest(0.0104)、charm(0.0092)、capital(0.0080)、powerful(0.0075)、weak(0.0073)、greatly(0.0072)、plain(0.0071)、commonly(0.0068)、grand(0.0068)、dead(0.0067)、effective(0.0067)、excellent(0.0067)、marked(0.0067)、superior(0.0067)、distinctive(0.0063)、everyday(0.0062)、draw(0.0059)、top(0.0057)、vulgar(0.0056)、moving(0.0050)

（续上表）

语料库	种类数	总数	占比/%	top 30 反应词语/%
"英文原作"	231	7,435	0.5718	good(0.0432)、great(0.0431)、common(0.0368)、interest(0.0285)、simple(0.0219)、signal(0.0168)、quality(0.0151)、capital(0.0139)、distinctive(0.0101)、divine(0.0094)、ordinary(0.0083)、effective(0.0081)、pointed(0.0078)、marked(0.0072)、beauty(0.0070)、powerful(0.0069)、dead(0.0068)、moving(0.0064)、grand(0.0063)、remarkable(0.0063)、appeal(0.0062)、everyday(0.0062)、prominent(0.0060)、commonly(0.0054)、dramatic(0.0053)、draw(0.0051)、theatrical(0.0046)、superior(0.0045)、excellent(0.0045)、fine(0.0041)

4. 结果与讨论

接下来，本文从宏观对比与微观分析两个维度展开论述，既从整体概括三个子语料库的反应词语的选择和使用频率特点，同时对以英语为母语的学术写作者和以汉语为母语的学术写作者，就英语反应词语的使用习惯展开具体对比与分析。

4.1 宏观对比

如表2所示，"中文原作"共出现了71种表示反应的词语，共计3,239次，占词语总数的0.1905%，对应的"中文译作"

出现了 248 种表示反应的词语，共计 12,049 次，占比 0.6311%，远高于"中文原作"；"英文原作"出现了 231 种表达反应的词语，共计 7,435 次，占比 0.5718%，略低于"中文译作"。词类数据表明，英语反应资源的种类远比汉语反应资源的种类丰富，也验证了"不同语言系统表达态度意义潜势的词汇语法资源并非一一对应"（司显柱、庞玉厚，2018：100）的观点。词频数据揭示，相较于汉语写作者，以英语为母语的写作者在学术语篇写作过程中更注重运用反应资源与读者进行潜在交流；而译者为使译文更加地道，为受众所接受，在翻译过程中也倾向于向译入语阅读习惯倾斜，积极对事物做出反应态度评价。

此外，三个语料库反应词语的正负性也呈现一定特点。如表 2 所示，"中文原作"前 30 个反应词语中出现了 7 个负面词语，包括"重复"（0.0091%）、"机械"（0.0029%）、"单一"（0.0028%）、"低级"（0.0015%）、"单调"（0.0013%）、"无聊"（0.0012%）和"僵化"（0.0012%）；"中文译作"有 6 个词语作为反应资源时具有负面意义，分别是：common[①]（0.0512%）、ordinary[②]（0.0112%）、weak（0.0073%）、plain（0.0071%）、dead（0.0067%）和 vulgar（0.0056%）；"英文原作"的负面反应词汇共计 3 个，分别是 common（0.0368%）、ordinary（0.0083%）和 dead（0.0068%）。三组语料库前 30 个高频反应词语皆以非负面反应词语为主，负面反应词语的数量只占少数。有学者指出，"态度的表达不能简单理解为只是作者个人对周围世界的看法，而应该被认为是人际交往的方式，因为作

[①] common 在牛津高阶词典中有"（BrE, disapproving）typical of sb. from a low social class and not having good manners"，即"粗俗的；庸俗的"的意思。

[②] ordinary 在牛津高阶词典中有"（disapproving）having no unusual or interesting features"，即"平庸的；平淡无奇的"的意思。

者表明观点的目的是引发读者的共鸣，从而联盟读者"（曹军、王俊菊，2008：40-43）。不论是以汉语为母语还是以英语为母语的学术写作者都希望借助积极、正面的反应词语以增强其话语的可信度，从而强化著作的学术价值，引起读者的阅读兴趣，并促进作品与读者之间的社会互动。

进一步两两对比三组词类和词频，发现"中文原作"的汉语反应词语几乎都能在"中文译作"中找到概念对等的英语反应词语，"中文译作"与"英文原作"的英语反应词语的选择以及词频也较为趋近。这既是中英学术话语共同体的共性所致，也与学术话语的语言特征息息相关——学术话语的反应资源多以显性/直接态度（inscribed attitude）呈现。通常情况下，除非原文存在某些在目的语读者视野不被接受的情形，翻译时通常只需要复制或再现这类态度词语即可（Munday，2012：25），即译者在翻译"中文原作"的反应词语时，通常只需以直译的方法在译入语中找到与源语言概念相对应的英文反应词语，便可实现源语言与目标语言概念意义和人际意义（本文指反应意义）的对等。

（1）**原文**：除此之外，作者还在全文安排了一些**乏味单调**的句子结构——一遍又一遍反复出现的主语、动词、谓语也都表达和反映出故事的这一深刻内涵代码。（《语言符号学》：208）

译文：Besides, the author also applied some **boring and monotonous** sentence structures in the story—the subjects, verbs and predicates that repeated over and over again also expressed and reflected this profound connotation. (*Linguistic Semiotics*: 298)

例（1）出现的反应词语分别是"乏味"和"单调"，译文直接将此显性反应态度处理为 boring 和 monotonous，使译文不论是在概念意义还是反应意义上皆与原文对等。

整体上，上述三个语料库在宏观层面的对比下呈现以下三个特点：第一，学术写作中，英语反应词语的种类数目和使用频率均高于汉语反应词语。第二，不论是英文还是中文学术话语，非负面反应词语的数量均多于负面反应词语。第三，中华学术话语反应词语的英译与原文的反应意义基本对等，与同主题英文原著反应词语在词汇的选择、表达习惯和使用频率等方面大体趋同。

4.2 微观分析

前文基于"中文译作"与"中文原作"反应词语的语义几乎对等这一事实，论述了通常以显性态度形式出现的汉语反应词语在翻译过程中能够依赖直译的方法，实现译文与原文反应词语态度对等。基于提高中华学术话语反应资源中译英质量的研究目标，下文将聚焦于"中文译作"与"英文原作"反应词语的选择和使用频率，探究不同母语写作者在学术英语反应词语使用上的差异，希望对提升中华学术话语外译质量有所启发。

4.2.1 "中文译作"反应词语语义缺失

英语词语"divine"原指"coming from or connected with God or a god"，作为表达事物品质的反应词语，意为"wonderful；beautiful"或"extremely good, pleasant, or enjoyable"，属于分级形容词（graded adjective），表达品质程度高。divine 在"中文译作"出现了 29 次（0.0015%），使用时以原义为主，如例（2）。

（2）原文：理性本来与**神权**、皇权相对抗，是资本主义初期帮助人类获得自由的工具。(《中国比较文学一瞥》：278)

译文：Reason originally was pitted against **divine** and imperial rights and was a tool that helped humanity win its freedom during the early part of the capitalist period. (*China and the West at the Crossroads—Essays on Comparative Literature and Culture*：373)

原文的"神权"指西方宗教文化中神的权力,译者将其直译为 divine rights。其中,divine 意为"神的"或"上帝的",是其原义而不涉及鉴赏意义。

divine 在"英文原作"中出现了 122 次(0.0094%),既用了其原义,也用到了其延伸义,蕴含神圣、美好等鉴赏意义,鉴赏对象有 qualities、gifts、works、beauty、fares and flowers、arts、mercy 和 principle 等。

(3) **译文**:Schuon had first discovered the **divine** qualities of nature almost ten years before, when shortly after his marriage his wife took him to the Swiss mountains. There he experienced a "liberation" he had previously felt only at the Alawizawiya at Mostaganem; in a borrowed mountain log cabin he learned to enjoy "days totally close to nature and in some ways medieval days". (*Against the Modern World — Traditionalism and the Secret Intellectual History of the Twentieth Century*: 149)

在例(3)的语境中,divine 等同于 wonderful,可以理解为大自然具备如天赐般神圣美好的品质,蕴含作者对大自然积极肯定的品质鉴赏。

对比之下,译者和以英语为母语的写作者对 divine 的运用呈现细微的差异。相较于英文原作中的 divine,在译文中的 divine 存在明显的语义缺失,仅体现为其原有含义,而缺乏对该词延伸含义的理解与把握。

以英语为第二语言的译者受限于自身文化修养,其写作能力难以与本土写作者相提并论;国内大多数译者未曾接受宗教等背景文化熏陶浸染,在翻译过程中又较多地受到原文的束缚,遇到与西方宗教有关的"神""神权"等字眼时头脑能够立即闪过

divine 一词，但在遇到表达事物神圣、美好品质的鉴赏情景时却难以联想到 divine 的另一用法。

（4）**原文**：当然，这首牢牢把控的中国诗和那首开放的英格兰民歌之间存在很大差异，但两者无疑都是**好诗**，也都使用了同样的意象。（《论契合》：177）

译文：There are of course great differences between the tightly controlled Chinese verse and a more open Scots folk song. Still, both are **wonderful** poetry and use the same image. (*Degrees of Affinity—Studies in Comparative Literature and Translation*：120)

例（4）原文作者在比较原文提及的中国诗和苏格兰民歌之间的差异时，写道"两者无疑都是好诗（《论契合》：177）"，译者将"好诗"中的"好"理解为 wonderful，即美妙的诗歌，二者意义对等，并无差错。但此处的 wonderful 是否能够替换为 divine 呢？国外诗歌的发展与西方宗教文化息息相关，诗歌的内容深受古希腊文学的影响。divine 既能表达 wonderful 的鉴赏意义，又比 wonderful 多一层宗教神学的隐含意义。深受宗教信仰支配的西方读者对"好的诗歌"的理解势必离不开宗教本身，因此用 divine 修饰 poetry，读者立刻能够将诗歌与神圣、美好相联系。用 divine 替换 wonderful 是受众意识的体现，符合西方读者对西方人眼中"好的诗歌"的定义。

由于中西方宗教文化差异显著，在表达 wonderful、beautiful 等品质鉴赏意义时，我国译者缺乏对 divine 的理解与把握。基于此，从提高受众对译著的可接受度角度出发，我国译者应该提高 divine 延伸含义的使用频率，以满足目的语读者的期待视野。

4.2.2 "中文译作"反应词汇语义偏差

plain 在牛津词典中表达反应意义时有两种含义，分别是

"not decorated or complicated, unadorned; simple"和"used to emphasize that something is very ordinary, not special in any way",对应"中文原作"常指"朴素"或其近义词"普通"。除此之外,plain 还有"easy to see or understand"的意思,意为"清楚"。plain 在"中文译作"中出现了 135 次,在总语料库词汇中占比 0.0071%,位列"中文译作"前 30 个高频反应词汇之中;而在"英文原作"中却只出现了 33 次,占比 0.0026%,两者差异显著。

分析 plain 在"中文译作"和"英文原作"语料库出现的具体语境后发现,plain 的三种语义在"中文译作"语料库中出现的频率由高到低分别是"朴素"及其近义词(44 次)、"清楚"及其近义词(24 次)、"普通"及其近义词(7 次);在"英文原作"语料库分别是"清楚"(16 次)、"朴素"(9 次)、"普通"(4 次)①。首先,由表 2 可推断,导致 plain 表示"普通"的含义在两个语料库出现频率均较低的原因可能是高频同义词的替代,例如 common 和 ordinary。其次,较为悬殊的差异在于译者使用 plain 时多为表达"朴素"等含义,修饰对象从 style、language、concept、writing 到 understandings、literature、versions 和 clothes 不等,丰富多样;而英语母语写作者则多用 plain 表达"清楚"等含义,常与词块 be made plain by 或单词 make 搭配,表示"朴素"等含义修饰的对象仅限于 style、language 和 dress。

(5) 原文:比如,在科学语体中,术语多、抽象含义的词占有的比重大、表特征的名词使用率高,常使用无施动者结构等因素就构成了该语体庄重严谨、**平实质朴**的修辞联想意义。

---

① 剩余为 plain 表示"平原"等其他含义出现的次数,因与本文无关,不做统计。

(《语言符号学》:124)

译文: For example, in the writing of a scientific report, more technical terms, abstract words, nouns showing features and sentences without actors make the report present a serious exact and **plain** rhetorical associative meaning. (*Linguistic Semiotics*:112)

例(5)译文中的 plain rhetorical associative meaning 意指原文"平实质朴的修辞联想意义"。依据上述数据,英语读者对 plain 的第一反应偏向于 clear,因此在缺乏对上下文语境准确把握的前提下,极易把 plain 所表述的"not decorated or complicated, unadorned"的含义理解为"easy to see or understand",继而导致目的语读者产生与源语读者反应意义上的偏差。

造成英汉语写作者对 plain 语义把握差异的原因可追溯至中西方文明的差异。传统中国是农耕文明,小农社会的老百姓,生活平淡质朴,习惯以朴素的目光去看待事物或现象,因此倾向于使用"朴素""质朴""平实"等词语对事物或现象做出(甚至积极的)态度评价。海洋文明孕育的西方文化勇于冒险、敢于扩张,在西方人的思维中,缺乏运用"朴素""质朴"或"平实"等态度评价事物或现象的意识,即便有,也多是以负面含义为主。译者在翻译这类态度时,受源文本的束缚和文化差异的影响,也习惯于将译文直译为 plain 而未意识到 plain 在两种语言文化中细微的差异。基于此,可以推断,英语读者期待视野的 plain 多与"清晰""直白"相联系,而非汉语读者所认为的蕴含深厚文化色彩的"朴素""平实"等。因此,译者在见到"朴素"及其近义词时,是依旧将其直译为 plain,还是采取其他译法如替换词汇、补充词汇或使用语法等,以符合目的语读者期待视野,帮助目的语读者产生与源语读者对等的反应态度等,都值得深入思考和探索。

4.2.3 "中文译作"反应词频过低

"中文译作"和"英文原作"前30个反应词语中有不少表达"显著"或"引人注目"等含义的英文词汇，其中 signal、pronounced、distinctive、marked 在两组词中都出现过。需要注意的是，signal 和 pronounced 在两个语料库中出现次数较高的含义都并非指"显著"或"引人注目"这一反应态度，而是受语言学学术写作主题影响，多译为"信号"和"发音"，因此该表达方式被排除在外。反观"英文原作"前30个反应词汇，同样表达"显著"或"引人注目"而未出现在"中文译作"前30个反应词语中的还有 remarkable、prominent 和 dramatic。remarkable 作为反应词语时的英文含义为"unusual or surprising in a way that causes people to take notice"，在"中文译作"和"英文原作"出现的次数和频率分别是44次（0.0023%）和82次（0.0063%）；prominent 意为"easily seen"，出现频次分别是65次（0.0034%）和78次（0.0060%）；dramatic 表示"sudden, very great and often surprising"，分别出现68次（0.0036%）和69次（0.0053%）。由于"中文译作"与"英文原作"文本内容之间缺乏直接对比性，本文再次通过检索表达"显著"或"引人注目"的 prominent 和 remarkable 在两个语料库中的近义词，同时对照前文提及的英语学术性直观反应词表，统计出相关词汇 noticeable、conspicuous、striking、arresting、outstanding、impressive。"英文原作"中表示上述含义的前5个词汇出现频率从高到低依次是 distinctive（0.0101%）、marked（0.0072%）、remarkable（0.0063%）、prominent（0.0060%）和 dramatic（0.0053%），"中文译作"中的前5个词汇分别是 marked（0.0067%）、distinctive（0.0063%）、outstanding（0.0039%）、dramatic（0.0036%）和 striking（0.0015%）。数据表明，学术文本涉及"显著"或"引人注目"这一语义时，除 distinctive 和 marked，英语本土写作者还倾向于使用 remarkable、prominent 和 dramatic,而我国译者使用较多的是 outstanding、dramatic 和 striking。因此,我国译者翻译这一反应态度时,除 distinctive、marked 和 dramatic 外,可以优先考虑国外母语写作者更习惯使用的 remarkable 和 prominent。

(6) **原文**:香港的粤语已经同广州的**有所区别**。其中外来词以及夹杂英语词是明显的一个方面。(《汉语外来词》:174)

译文:As a result, the Cantonese dialect in Hong Kong became somewhat different from the original Cantonese in Guangzhou. One **outstanding difference** is loanwords and mixture with English on the part of the former. (*Loanwords in Chinese Language*:162)

例(6)原文介绍香港和广东的粤语差异,提到二者有所区别的地方在于前者不仅有外来词,还夹杂英语表达方式(《汉语外来词》:174)。原文本的"有所区别"被译作 outstanding difference。结合上文的分析,此处或可将 outstanding 替换在英语学术话语中出现更为频繁的 prominent,即"One **prominent difference** is loanwords and mixture with English on the part of the former.",这样的译法更加符合目的语读者的写作和阅读习惯,进而促使原作者传递的反应态度更为受众所接受。

以上分别从语义缺失、语义偏差以及词频过低三个角度揭示了"中文译作"与"英文原作"反应词语的选择和使用差异。研究发现,以汉语为母语的译者与以英语为母语的学术写作者就部分英语反应词汇的选择、表达习惯、使用频率等方面仍然存在细微的差异,中文学术话语反应词汇的英译值得译者进一步斟酌。

5. 余论

总体而言，本文基于对"中文原作"与"中文译作"及"中文译作"与"英文原作"语料库的对比研究发现，受学科共同体规约及反应资源本身表现形式的影响，中华学术话语反应资源的英译文与原文在反应态度方面并无显著差异，中文译作与同主题英文原作反应词语在词汇的选择、表达习惯和使用频率等方面的对比也呈现出高度的相似性。这表明我国中华学术话语反应资源的对外翻译文本质量表现出较高的可接受度。

但与英语母语写作者相比，译者在个别反应词语的使用上有所不同，如在个别词语语义的选择、表达相同语义时相同语义的使用频率等方面。这与二者背后的中西方文化和语言系统差异，以及译者主体性等多方面因素有关。

本研究旨在帮助从事中华学术话语对外翻译研究与实践的广大学者和译者更好地了解中英反应词汇的异同，更深切地体会反应词语义细微的变化及其带来的说话者/作者的立场、态度的变化，继而更准确地做好反应资源词语的翻译。

参考文献

Martin J R, Rose D. *Working with Discourse: Meaning Beyond the Clause*[M]. London: Bloomsbury Publishing, 2003.

Martin J R, White P R. *The Language of Evaluation*[M]. Basingstoke: Palgrave Macmillan, 2003.

Munday J. *Evaluation in Translation: Critical Points of Translator Decision-making*[M]. Oxfordshire: Routledge, 2012.

曹军, 王俊菊. 英语语言学书评语篇中态度用语的人际功能分析[J]. 山东外语教学, 2008（2）：40-44.

姜峰. 基于多维分析的学术语篇语体特征的历时考察[J]. 外

语教学与研究，2020，52（5）：663-673，798.

刘世铸. 评价理论在中国的发展［J］. 外语与外语教学，2010（5）：33-37.

剡璇，徐玉臣. 科技语篇中的鉴赏系统及其评价机制［J］. 外语教学理论与实践，2011（1）：60-67，51.

司显柱，庞玉厚. 评价理论、态度系统与语篇翻译［J］. 中国外语，2018，15（1）：96-102.

王振华. 评价系统及其运作——系统功能语言学的新发展［J］. 外国语（上海外国语大学学报），2001（6）：13-20.

张先刚. 评价理论对语篇翻译的启示［J］. 外语教学，2007（6）：33-36.

A Comparison and Translation Study of Academic Discourse Reaction Resources Between Chinese and English from the Perspective of Appraisal Theory

Zou Qinqin　Si Xianzhu

Abstract：This article takes appraisal theory as the research framework, and uses three corpora of Chinese written academic discourse in the fields of literature, linguistics and translation studies, Chinese-into-English translated academic discourses, and English academic works with the same themes as foresaid by native English speakers as the research corpus. A combination of quantitative and qualitative research methods is adopted to compare and analyze the similarities and differences in the use of resources reflected in the three corpora under the appreciation system from both macro and micro levels.

Research has found that in the dimension of reaction resources, "Chinese translation" is equivalent to "Chinese original" in overall translation, but there are slight differences in word selection, expression habits, and frequency of use between "Chinese translation" and "English original" in terms of reaction words. Based on the above findings, this study discusses the translation of the above resources in Chinese academic discourse.

Key words: reaction resources, appraisal theory, academic discourses, comparison and translation

系统功能语言学和批评话语分析在翻译研究中的应用

张美芳　林雪仪　潘韩婷[*]

摘要：翻译学作为一门相对年轻的学科，在过去数十年的发展道路上，不断借鉴其他相关领域的理论和研究成果，以丰富自身的理论和建构研究方法。本文阐述系统功能语言学（SFL）和批评话语分析（CDA）的共性与不同的关注点，探讨如何在翻译研究中将两者有机结合起来建构研究框架与分析方法，并分享了两个成功案例，展示了基于这种有机结合所建构的研究模式如何让翻译研究从文本分析拓展至话语实践分析以及社会实践分析，探讨社会文化语境与译者和文本之间的关系。研究表明，将系统功能语法和批评话语分析相结合应用到翻译研究中，可拓宽研究的视角，并为研究提供更有效地解释翻译文本效能的条件。

关键词：系统功能语言学　批评话语分析　相结合模式　翻译研究

---

[*] 张美芳，澳门大学英文系荣休教授。研究方向：翻译理论与实践、话语分析及批评话语分析、跨文化研究。林雪仪，澳门大学英文系客聘助理教授。研究方向：翻译研究、话语分析、多模态翻译研究。潘韩婷，北京师范大学未来教育学院副教授。研究方向：翻译理论与实践、语篇分析途径的翻译研究、语料库翻译学。

1. 引言

20世纪后半期，翻译研究（Translation Studies）开始以一门学科的地位发展并逐渐立足于独立学科之中。翻译研究这门学科相对年轻，自身的理论也不多，因此在发展的过程中要不断地借用其他相关领域的研究成果和理论，以发展和建构自身的研究方法与研究范畴。自20世纪70年代以来，在众多相关领域的理论中，系统功能语言学（SFL）或系统功能语法（SFG）得到很多翻译学者的关注，并广泛应用于翻译研究中。此外，与系统功能语言学一脉相关的批评话语分析（CDA），亦在过去十几年逐渐进入翻译研究领域。本文关注系统功能语言学和批评话语分析理论之间的关系，追溯批评话语分析的发展及其研究方向，并探讨将系统功能语言学和批评话语分析结合起来构建翻译研究框架与方法的可行性。

2. 系统功能语言学与批评话语分析

我们之前曾多次介绍系统功能语言学在翻译研究中的应用（如张美芳，2005，2015，2017，2022）。在翻译研究领域，也有无数的学术论文应用了以韩礼德的系统功能语法为基础的语篇分析路径并取得了成果。正如曼迪所说，"韩礼德的系统功能模式是目前语篇分析中影响最大的分析模式"（Munday，2001：88）。用这一模式进行研究的范围也是系统性的：从语言的转换到翻译方法的选择、从词义选择到译者的态度、从语言使用到语境重建、从文字翻译到多模态翻译……都可以借助系统功能语言学的理论与方法。

那么，系统功能语言学和批评话语分析之间有什么关系呢？

批评话语分析和系统功能语言学有着共同的兴趣，那就是语言与社会之间的联系。但是，它们也有不同的关注点。黄国文教授认为,"作为普通语言学的系统功能语言学,所注重的是语言的本体问题;作为适用语言学的系统功能语言学,所强调的是要解决与语言有关的问题"(黄国文,2022:2)。在过去数十年间,系统功能语言学应用到翻译研究中的发展路径形成了以下趋势:语言/文本→语境→态度→多模态研究。尽管系统功能语言学的研究途径在不断地发展,所涉及的范畴愈来愈广泛,但是可以说,系统功能语法应用到翻译研究的分析,都是离不开文本的,因为作为适用语言学的系统功能语法,目标是要解决"与语言有关的问题"(黄国文,2022:4)。

相比之下,批评话语分析虽然对语言使用者使用"自然发生的语言特性感兴趣,也对交互和交流的非语言,例如符号、多模态方面的扩展(手势、图像、电影、互联网和多媒体)感兴趣,但是批评话语分析学者对与语言使用相关的复杂的社会现象更感兴趣","因此需要多学科和多方面的方法"(Wodak & Meyer,2009:2)。批评话语分析的多方面根源在于修辞学、文本语言学、人类学、哲学、社会心理学、认知科学、文学研究和社会语言学。

图1展示了批评话语分析者们使用的研究途径与方法,从中可以看出这些学者的不同理论背景。包括鲁丝·沃达克(Ruth Wodak)的话语—历史途径、西奥·范列文(Theo van Leeuwen)的社会行为途经、范迪吉克(T. A. van Dijk)的社会认知途径以及诺曼·费尔克拉夫(N. Fairclough)的话语辩证关系途径等。实际上,图1还没有包括比较广为人知的批评语言学群组的研究,即以冈瑟·克雷斯(Gunther Kress,1993)为代表的批评语言学群组,他们深受韩礼德系统功能语言学的影响,并将其应用于"解读文本中的意义作为社会过程的实现,将文本视为意识形态和功能的体现"。费尔克拉夫更是推崇韩礼德的系统功能语言学,将其作为分析文本和话语的工具;他同时也借鉴福柯和一些新马克思主义者的理论。

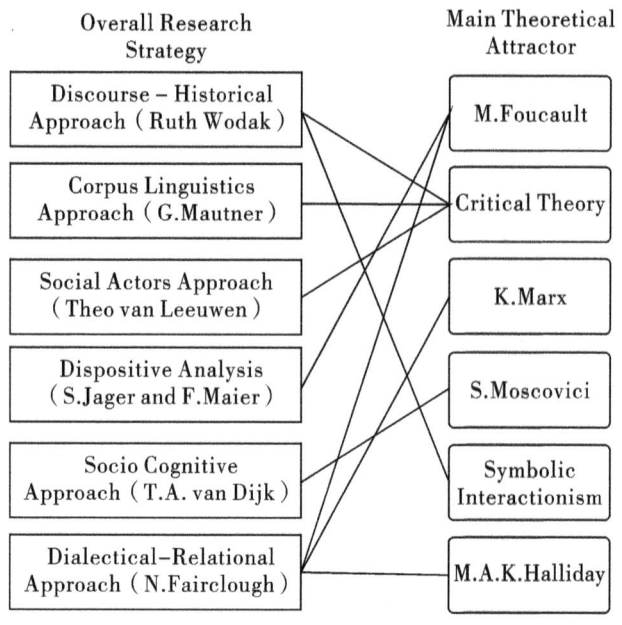

图1　批评话语分析的研究途径

（引自 Wodak & Meyer, 2009: 20）

总的说来，批评话语分析把话语视为"社会实践"的一种形式，甚至认为批评话语分析的关键任务之一是"解释话语与社会权力之间的关系"（van Dijk, 2008: 65）。

在过去几十年间，许多翻译研究者已将他们的研究从文本和话语扩展到意识形态、制度权力、社会变革或知识创造等与语言相关但又超出语言本身的范畴，而这些范畴已经超出系统功能语言学"解决任何与语言相关的问题"的目标。再看看批评话语分析，作为一种新发展的跨学科研究途径，它有视点高、视角宽、理论多元的特点，但是也有其局限性。正如费尔克拉夫所指出的，批评话语分析"仍然是理论性的——在特定话语实例的分析中没有可操作性"（Fairclough, 1989/2001）。换句话说，研究者还需要构建自己的方法论框架。

费尔克拉夫提出的话语辩证关系研究途径（Dialectical-Relational Approach）是一个包含文本分析、话语实践及社会实践三个维度的三维框架（见图2）。在文本分析部分，他引入韩礼德的系统功能语法作为主要的分析工具。对于文本，费尔克拉夫有其独到的见解。他说，"文本是产品而不是过程——文本生产过程的产物。但我使用话语实践一词来指代社会互动的整个过程，而文本只是其中的一部分。除了文本之外，这个过程还包括生产过程（文本是产品）和解释过程（文本是资源）"（Fairclough, 2001: 20）。关于话语是社会实践，他说，话语就是"语言的一种社会实践形式"：首先，"语言是社会的一部分，而不是超然于社会；其次，语言是一种社会过程；最后，语言是一个受社会制约的过程，受社会其他（非语言）部分的制约"（Fairclough, 2001: 19 - 20）。

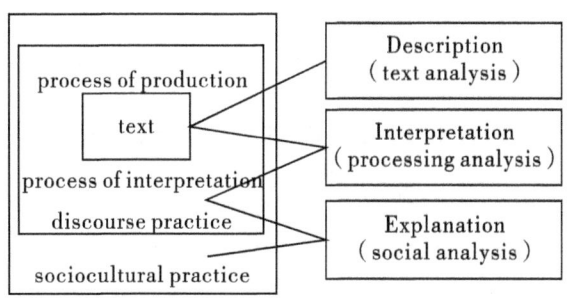

图2 费尔克拉夫的三维框架及其三步分析法

（引自 Titscher et al., 2000: 153）

图2展示了费尔克拉夫的CDA三维模型。左边框显示了文本、话语实践和社会实践三个维度。换句话说，每个交际事件同时是文本（记录下来的话语）、话语实践和社会实践。在费尔克拉夫的三维模型中，文本处于中心位置，嵌入到话语实践中，而

话语实践本身又嵌入到社会文化实践中。在话语实践维度上，作为产品的文本是由生产过程的痕迹组成的，而从解码者的立场来看，文本是一种资源，由解释过程中的线索组成，因此话语实践包括文本的生产过程和解释过程。图2的右边框展示了费尔克拉夫建议使用的研究三步骤：描述、阐释和说明。具体说来，首先要描述文本中的语言特性，然后才能分析话语实践中生产和阐释过程与文本之间的关系，进而说明与探讨话语及与社会实践的关系（Fairclough，1995b：97）。

这样的框架看起来逻辑清晰，涵盖面从小到大，从内到外。然而，正如费尔克拉夫所指出的，批评话语分析虽然有广泛的理论基础，却并没有提供分析特定话语实例的操作化工具（2001：10）。因此，他引入韩礼德的系统功能语法作为主要的分析工具。系统功能语法涵盖一整个语言系统，我们在做一个研究项目时是不能把整个系统拿来用的，需要对相关的理论（包括系统功能语法和批评话语分析以外的理论）融会贯通，取其所需，构建一个适合自己的研究项目及分析框架，并据此制定分析方法。

3. 将 SFL 和 CDA 结合起来构建翻译研究框架与方法

过去20年间，我们团队的很多研究都是将以系统功能语言学为基础的语篇分析模式作为分析工具，因而也比较容易接受费尔克拉夫的三维框架及其三步分析法，因为他的文本分析就是引用韩礼德的系统功能语法作为工具的。本节分享其中两个成功的案例：第一个案例以费尔克拉夫的三维研究框架为基础，嵌入从系统功能语言学的人际系统功能语法发展起来的评价理论，并将其作为文本分析工具，研究国际新闻翻译中的态度定位问题；第二个案例也是以费尔克拉夫的三维框架作为宏观大框架，考察澳门回归后的12年期间（2000—2011）公共叙事中澳门城市文化身份的话语建构，重点围绕"赌""神""食"这三个文化特征在后回归时代澳门公共叙事中的话语建构，探索语言与社会文化实践之间的关系以及翻译（即话语实践）在澳门文化身份建构中所扮演的重要角色。国际新闻翻译和文化身份认同这两个命题都是翻译研究中热门的论题，论文无数，但是研究方法各种各样。在我们看来，引用费尔克拉夫的三维框架作为宏观大框架，在这个框架下再引入SFL的部分理论构建具体分析的框架，这样的研究逻辑清晰，有理有据，后来者可以此作参考。

3.1 国际新闻翻译中的立场定位

案例一是潘莉的博士论文研究框架（Pan，2012）以及研究方法，研究的是西方媒体对2008年发生的拉萨骚乱事件的报道和《参考消息》的翻译。该论文的研究框架（见图3）以费尔克拉夫的三维框架为基础，在文本分析部分引入评价理论框架作为分析工具，建立了新闻报道的评价分析模型，用以研究新闻翻译中的立场定位。

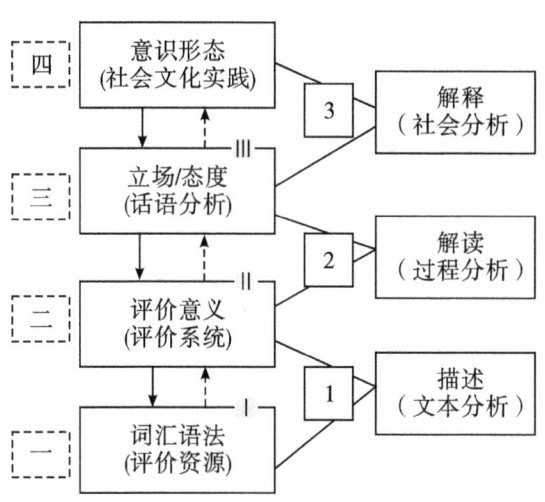

图3 新闻报道评价分析模型

（引自 Pan，2012）

虽然整个研究项目是基于费尔克拉夫的三维框架及其三步分析法进行的，但研究者根据自己的研究需要，把三步分析法拓展为四步分析法，即分四个步骤进行研究：

第一步是在词汇语法层面对原文和译文所含的评价语言资源进行描述和分析比较。

第二步是通过对译文中的评价偏差进行识别、分类和量化比较。首先是借助评价理论中的评估框架，通过比较原文与译文中评价资源的语义差异来识别偏差。其次，根据翻译中所部署的策略对识别出的偏差进行分类。根据评价的可分级性，将偏差区分为焦点（focus）偏差和力度（force）偏差，然后分别追踪每个偏差的方向。最后，分别量化每种翻译策略导致的不同偏差模式的频率，量化整个翻译文本中的偏差，并从这些偏差中阐释不同机构（译者）的不同立场定位。

第三步是结合文本分析的结果，检视翻译文本生产过程（即话语实践）中涉及的各种身份和关系，以解释与新闻事件原始叙述中的立场偏离的立场。从新闻翻译的角度分析新闻文本生产过程中的三种参与关系。在这个阶段，研究者还通过采访中译文的主编和副主编以及请部分翻译人员填写问卷来提高调查的可信度。

第四步是分析译文产生的社会文化语境，从意识形态和政治观念等方面去探讨文本分析中发现的评价偏差和过程分析中揭示的不同立场的影响因子。

图3所示的分析模型显示了研究与话语立场相关的主观方面所涉及的维度和步骤。该模型基于费尔克拉夫的三维批评话语分析概念并结合了强调词汇语法分析的"韩礼德模型"。三个维度之间的制约关系用实线箭头表示。也就是说，社会文化实践中的意识形态决定了话语实践中的立场和态度，进而决定了评价的语义，可以用评价理论（Appraisal Theory）中的评价系统来解释，而评价意义则由文本中的语言评价资源来体现。

这样一来，费尔克拉夫将韩礼德的功能语言学同关于话语和社会变革的社会理论结合在一起，形成了多元的理论。在他看来，"任何话语事件（即话语的任何实例）都被视为同时是一种实践，话语实践或社会实践"（Fairclough，1992：4）。换句话说，在分析话语实例时，不应该仅仅对它们的语言形式进行文本分析，而是要从三个维度进行分析，即文本分析、话语过程分析和社会实践分析。

3.2 后回归时期澳门文化身份的话语建构与翻译

案例二取自潘韩婷的博士论文研究框架（Pan，2015），研究的是 2000 年至 2011 年澳门回归后的 12 年间，澳门文化身份在本地叙事中的话语建构与翻译。

该论文以批评话语分析、系统功能语言学及叙事翻译中的相关概念为基础构建了一个新的理论框架。在这个理论框架中，批评话语分析理论中的文本、话语、社会实践等概念与系统功能语言学中的语篇、语篇语义等概念，以及叙事理论中的"叙事""构框策略"、翻译研究中的"翻译转换"概念有机地联系起来。

如图 4 所示，这个理论框架以费尔克拉夫的三维度批评话语分析法为宏观架构，即"文本""话语""社会实践"。"文本"维度的分析基于韩礼德的系统功能语言学；具体到该研究，"文本"指的是与澳门文化身份建构相关的所有命名资源。这些命名资源，用系统功能语言学的术语来说，就是语篇语义。语篇语义则通过词汇语法来实现，并可根据语言的三大元功能——概念功能、人际功能和语篇功能相应地分为三个类别。

三大元功能可以分别通过不同的语法阶中的词汇语法资源来实现。其中，概念功能与语言使用者对世界的认知和经验相关，因此，其最好的语法实现是词的指称、词组的性质及小句的过程（及物性）。人际功能与语言使用者对这个世界的态度相关，这

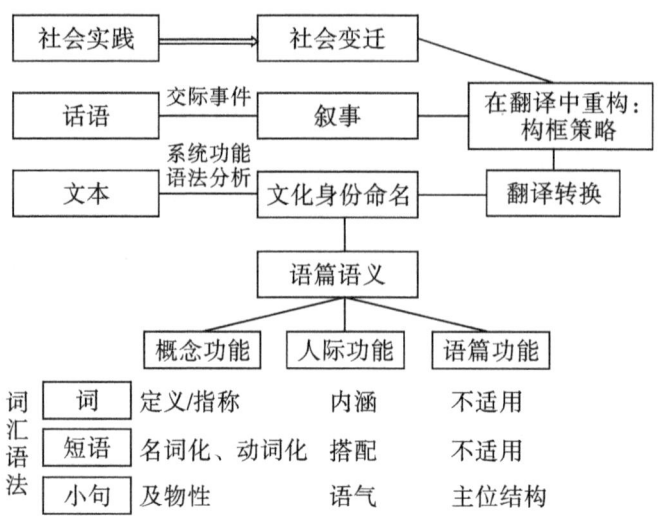

图4　后回归叙事中澳门文化身份话语建构与翻译研究的理论框架

里的"世界"可具体体现为获得命名的目标事物,人际功能的语法实现体现了语言使用者对该事物的态度。因此,人际功能的最佳语法体现是在词一级中名称的内涵、在词组或短语一级中名称的搭配及在小句一级中的语气。语篇功能则与文本的组织有关,可通过小句的主位结构来实现。例如,名称位于主位可认为是命名目标被强调,名称位于述位可认为是命名目标被抑制。

针对文本的词汇语法分析结果则可以进一步放在话语中进行解读。话语可以理解为一个交际事件。分析者基于文本证据解释某交际事件中的某一文本如何操作和起作用。在本案例中,特定的交际事件指的是在澳门特区政府部门、学术机构及媒体中间产生及使用的有关澳门的公共叙事。

对文本证据的解释则导向文化身份建构的话语实践与澳门社会文化实践之间的关系的讨论。这一步有助于研究者了解社会文化语境对文化身份的话语建构的影响,以及反之,文化身份话语对社会文化发展的影响。

为了将上述框架更好地应用到翻译研究中,研究者在批评话语分析和系统功能语言学的基础上加入了"翻译转换"和"构框策略"这两个概念。"翻译转换"的概念用于找出原文文本和译文文本之间的语言学差异。常见的翻译转换包括但不限于以下这几种:选词、增添、删减、替代、具体化和解释、造词、音译。"构框策略"则用于解释社会文化框架内的翻译转换,常见的"构框策略"包括模糊构框、空间构框、时空构框、语篇材料的选择性剪辑构框、标签构框、参与者位置转换(见 Baker, 2006:106)。

总体而言,这个理论框架勾勒了一套"由下而上"的研究程序,把研究分为以下三个阶段:(1)考察文本;(2)解读话语;(3)反思社会文化影响。在文本考察前阶段,研究者可以利用系统功能语言学进行文本分析,并将重点放在词汇语法的分析中;在文本考察的后阶段,研究者可以利用翻译研究中"翻译转换"的概念和叙事理论中"构框策略"的概念进行原文和译文之间的分析和比较,将重点放在叙事及其翻译之间的语言差异。基于词汇语法、翻译转换、构框策略等向度的分析可以得出大量的文本证据,这些文本证据可用于支持话语实践的解读,进而开启对文化身份话语实践及社会实践之间关系的探索。

4. SFL 和 CDA 相结合在翻译研究中的作用及前景

以上介绍了两个以系统功能语言学和批评话语分析结合起来构建翻译研究框架与方法的例子:一个是以费尔克拉夫的三维研究框架为基础,加入评价理论作为分析框架以研究国际新闻翻译中的态度定位;另一个同是将费尔克拉夫的三维研究框架作为宏观框架,引入系统功能语法中的词汇语法作为具体分析框架,以及加入叙事理论中的"叙事""构框策略"和翻译研究中的"翻译转换"概念,立体地探索澳门文化身份在本地叙事中的话语建构与翻译。这两个成功案例展示了我们团队在过去 20 年间，将以系统功能语言学为基础的语篇分析模式和在批评话语分析中将费尔克拉夫的三维度框架相结合进行翻译研究的尝试。这种尝试也贯穿在我们其他诸多的研究项目当中（例如 Zhang & Pan，2015；Lam，2020；Zhang，2021；潘韩婷、张美芳，2018；等等）。

以费尔克拉夫的三维框架作为基本的研究框架，嵌入韩礼德系统功能语法作为具体的文本分析工具，从而开启从文本分析拓展至翻译中的选择（即话语实践）及社会实践在事件中的角色和作用的探索。将系统功能语言学和批评话语分析相结合的研究模式应用于翻译研究，既可以是定性研究，也可以是定量研究，或两者兼而有之；既可以分析原文和译本之间的详细差异，也可以研究文本以外的社会实践与效应。例如在案例一中，系统功能语言学的评价理论为研究原文和译文的文本分析提供了一个具体的评估框架，为详细描述原文及译文中的评价资源的偏差提供了工具，从而为后阶段对国际新闻话语在我国的社会实践提供了具体及系统性的话语证据。在案例二中，系统功能语言学的词汇语法为文本分析提供了从词到词组再到小句的系统性层级分析框架以考察文本的三大元功能，为后面考察"翻译转换"策略和叙事理论中的构框策略提供了具体的文本证据，从而更有效地解释翻译文本的效能。这个结合模式把翻译从文本分析拓展至交际事件的解读以及社会文化语境中的话语实践，从而让研究更有效地解释一份翻译文本是否达到预期目的，以及目标文本在哪些方面是成功的，在哪些方面失败了，或者不太成功。由此可见，基于这种结合模式而建立的分析框架拓阔了研究的视角，为研究提供更有效地解释翻译文本效能的条件。

5. 结语

概而言之，在多番的应用实践后，我们发现，韩礼德的系统功能语言学和批评话语分析中费尔克拉夫的三维分析框架及辩证关系方法的结合，对我们建立研究框架和方法都是十分有用的。基于这种结合模式建立的研究框架，让我们的翻译研究从文本层面的分析到交际事件层面的话语解读再到社会文化实践层面对话语实践的讨论，探索层层拓宽。我们不仅可以对同一原文的不同译本进行系统性的仔细研究，还可以考察译文在目标文化中的作用。由此可见，系统功能语言学和批评话语分析可以相互补充，从而更好地用以揭示不同的话语分析模型该如何更有效地应用于翻译研究。

参考文献

Baker, M. *Translation and Conflict: A Narrative Account* [M]. London & New York: Routledge, 2006.

Fairclough, N. *Discourse and Social Change* [M]. Oxford: Blackwell, 1992.

Fairclough, N. *Critical Discourse Analysis: The Critical Study of Language* [M]. London: Longman, 1995a.

Fairclough, N. *Media Discourse* [M]. London: Edward Arnold, 1995b.

Fairclough, N. *Language and Power* [M]. 2nd ed. London: Longman, 1989/2001.

Lam, Sut I. *Social Changes in Macao: A Corpus-Assisted Multimodal Analysis to Policy Addresses of Macao SAR Government (2000—2019)* [D]. Macao: University of Macau, 2020.

Munday, J. *Introducing Translation Studies: Theories and Applications* [M]. London & New York: Routledge, 2001/2008/2012.

Pan, Li. *Mediating Stance in News Translation: A Case Study of Journalistic Reports on China 2008* [D]. Macao: University of Macau, 2012.

Pan, Hanting. *Game, God and Gastronomy: Macao Identities in Post-Handover Narratives and Translations* [D]. Macao: University of

Macau, 2015.

Titscher, S. et al. *Methods of Text and Discourse Analysis* [M]. London: Sage Publications Ltd, 2000.

van Dijk, T. A. *Discourse and Context: A Sociocognitive Approach* [M]. Cambridge: Cambridge University Press, 2008.

Wodak, R. & Meyer, M. (eds.) *Methods of Critical Discourse Analysis* [C]. London: Sage, 2009.

Zhang, Meifang & Pan, Hanting. Institutional Power in and Behind Discourse: A Case Study of SARS Notices and Their Translations Used in Macao [J]. Special Issue of *Target*: Discourse Analysis in Translation Studies (Guest-edited by J. Munday & M. Zhang), 2015, 27(3): 387 – 405.

Zhang, Xiaoyu. *Contextualizing Metaphorical Frames in the International Political Communication: A Case Study of Xi's Speeches, Translations and News Coverage* [D]. Macao: University of Macau, 2021.

黄国文. 翻译研究的功能路径（代序）[C] // 司显柱, 常晨光. 功能路径翻译研究：第一辑. 广州：中山大学出版社, 2022: 1 – 13.

潘韩婷, 张美芳. 因势制译：机构权势操控下的话语生产——以澳门非典为例 [J]. 翻译季刊（香港）, 2018 (89): 1 – 20.

张美芳. 翻译研究的功能途径 [M]. 上海：上海外语教育出版社, 2005.

张美芳. 功能途径论翻译：以英汉翻译为例 [M]. 北京：外文出版社, 2015.

张美芳. 后霍姆斯时期翻译研究的发展：范畴与途径 [J]. 中国翻译, 2017 (3): 18 – 24.

张美芳. 翻译研究的功能途径：理论与应用 [C] // 司显柱, 常晨光. 功能路径翻译研究：第一辑. 广州：中山大学出版社，2022：223-244.

Systemic Functional Linguistics and Critical Discourse Analysis in Translation Studies
Zhang Meifang　Lin Xueyi　Pan Hanting

Abstract：As a relatively young discipline, Translation Studies has been learning from the theories and research results from other related fields in the past few decades, to enrich its own theoretical basis and construct its own research methodology. This paper explains the commonality and different foci of Systemic Functional Linguistics (SFL) and Critical Discourse Analysis (CDA), to discuss how these two theoretical fields could be integrated to construct research framework and analytical methods to be applied to Translation Studies. With the elaboration of two successful cases, the paper has demonstrated how the research model based on this organic integration could expand the scope of Translation Studies from textual analysis, discourse analysis to social practice discussion, so as to explore the interplay between texts, translators and the socio-cultural contexts. The study shows that applying the integrated research model with SFL and CDA to Translation Studies can broaden the research perspective and enrich the analytical tools to better explain the efficacy of translated texts.

Key words：Systemic Functional Linguistics, Critical Discourse Analysis, integrated research model, Translation Studies

中外学者学术语篇立场标记语对比
——兼议对翻译策略的启示

刘雨菲　王　乐　于　晖[*]

摘要：立场标记语的使用体现学术语篇的人际性和交互性。受语言文化背景影响，撰写英语学术语篇时，中外学者在表达立场强度方面可能会有所不同。以往研究对比了中外学者立场标记语的使用情况，但考察立场标记语整体分布特征的研究较少，且较少研究将分析结果迁移到针对学术语篇翻译策略的讨论当中。鉴于此，本文细化 Hyland（2005b）立场标记语分类框架，综合对比中外学者英文论文摘要中立场标记语的整体使用及具体分布特征，发现中外学者在立场表达方面既有共性，也有差异。研究发现，中外学者均搭配使用多种立场标记语以阐述研究结果，较少使用态度标记语，较多使用第一人称复数自我指称语。国内学者多用强势语和态度标记语，而国外学者学术语篇中模糊限制语及自我指称语的使用更为频繁、多样和均衡；国内学者在阐述研

---

[*] 刘雨菲，北京师范大学外国语言文学学院硕士研究生。研究方向：功能语言学、语篇分析、学术语篇。王乐，北京师范大学外国语言文学学院博士研究生。研究方向：功能语言学、语篇分析、学术语篇。于晖，北京师范大学外国语言文学学院教授、博士生导师。研究方向：功能语言学、语篇分析、学术语篇。

究启示时多使用强势语并倾向于使用评价标记语直接点明研究意义，而国外学者多用模糊限制语表明研究启示并倾向于使用评价标记语间接揭示研究价值。基于分析结果，本文针对学术语篇中四类立场标记语的英译提出了具体建议。

关键词：立场标记语　学术语篇摘要　中外学者对比　翻译策略

1. 引言

学术写作强调使用描述性话语体现中立，尽可能减少表现作者主观判断的话语的使用（Mauranen, 2003）。然而，实证研究发现，除汇报客观事实的描述性语言外，学术语篇中也存在许多表明作者立场，以此说服读者接受其学术观点的话语表达（Crismore & van de Kopple, 1988; Crismore, 1993; Flowerdew, 1997; Hyland, 2005a, 2005b; Abdi, 2010）。不同学者对立场的定义不尽相同，Biber & Finegan（1998）认为立场是作者对其陈述命题内容的态度、情感、价值判断或承诺等；Hyland（2005b）提出立场是对命题正确性或可靠性的评价，从而反映作者对命题正确性或可靠性的承诺或对命题和读者的态度。尽管侧重点不同，以上两种定义均强调立场表达中作者主观意识的渗透。立场可以通过语法、词汇、副语言等手段外化，这一系列表述形式被称为立场标记语（stance marker）（Englebretson, 2007; 曹双飞, 2021）。立场标记语的合理利用是学术语篇人际性和交互性的重要保证（Thompson, 2001; Hunston, 2007）。然而，对于非英语母语者而言，在撰写英文学术语篇时，往往不知如何把握立场强度，从而不能有效表达立场以说服潜在读者认可其研究价值（Flowerdew, 1999）。鉴于此，本文对比中外学者学术语篇中立场标记语的使用的异同，以期为中国学者立场标记语的使用以及学术语篇翻译策略提供启示。

以往大量研究对学术语篇中的立场标记语进行了理论探索和实证考察。学者在不同视角下讨论立场表达的特点和机制，构建立场标记语的理论分析框架，包括系统功能语言学情态和人际意义视角（李战子，2001）、评价理论视角（Hood，2012）、语用学视角（潘璠，2012）、对话理论视角（White，2003）等。实证研究领域多见对比研究和历时分析，如对二语学习者和母语作者立场标记语使用情况的对比（王晶晶、姜峰，2019；刘应亮、陈洋，2020；陈庆斌，2021）、对不同语言水平作者立场标记语使用情况的对比（Aull & Lancaster, 2014）。历时研究追溯语篇中多类立场标记语使用变革（Hyland & Jiang, 2018, 2019；陈庆斌，2022）或聚焦某种特定立场标记语使用变化（Yang, 2013；Hyland & Jiang, 2017；Jiang, 2020；娄宝翠、姚文婷，2019）。以上研究多选取立场表达较为集中的论文摘要（如 Hu & Cao, 2011）或讨论（如 Cheng & Unsworth, 2016）部分为研究对象，对研究意义的讨论多落脚于二语写作教学（Alghazo et al., 2021；徐昉，2015；王晶晶、姜峰，2019）。然而，中外学术语篇中立场标记语的对比研究也可以为翻译策略研究提供一定参考。根据语言迁移理论，外语学习者会将本民族语言和文化中的形式与意义转移到外族的语言文化中（Lado, 1957），许多研究也表明，中国的英语学习者在进行英语写作时会或多或少受到汉语负迁移的影响（陈玲、何剑利，2015；王小潞、王艺臻，2019；郭嘉等，2022）。目前已有研究将中外学者学术语篇的对比研究与翻译研究关联，如钱家骏和穆从军（2017）参照评价理论（Martin & White, 2005）中的介入系统，对比分析英译论文引言、中作论文引言和英作论文引言中立场表达的强度和方式，总结出对于汉语学术语篇英译的启示。然而目前相关研究较少，且多集中于某类立场标记语（如蒋跃、陶梅，2007；Yang, 2013），对比中外学者立场标记语整体使用情况的研究较少，因此立场标记语对比在翻译研究中的应用仍有待探索（Munday，2012）。鉴于此，本研究以中外学者发表在核心期刊的英文学术论文摘要为研究语料，基于 Hyland（2005b）立场标记语分类构建理论框架，对比分析中外学者使用立场标记语的特点与异同，并为学术语篇翻译策略提供启示。

2. 理论框架

Hyland（2005b）将立场标记语分为模糊限制语（hedge）、强势语（booster）、态度标记语（attitude marker）和自我指称语（self-mention），分别起拓展对话空间、强调、表达情感态度和自我指代功能。在实际标注中发现可根据四类立场标记语的语义特征和形式特征做进一步细分。基于实现形式，模糊限制语和强势语可分为实义动词、情态动词、名词、副词、形容词等类型（王晶晶、姜峰，2019；李芝、成晓敏，2020；刘应亮、陈洋，2020），除单词外，部分短语结构也有认知意义，能够反映作者的态度和判断，发挥一定的语用功能（Morgan，1997；Gries，1999；Hampe，2000；Yang，2013）。因此，本研究将短语结构也纳入讨论范畴，将模糊限制语和强势语细分为认知情态动词，认知形容词、副词和名词，认知动词及短语。

借鉴 Kerbrat-Orecchioni（1986）对形容词的分类，态度标记语可细分为情感型态度评价语和评价型态度评价语，前者主要表现作者情感，后者主要包括基于主观性价值判断对所评价之物持赞成或反对的立场。另外，自我指称语除 Hyland（2005b）提到的第一人称代词单数或复数及其对应的形容词性物主代词外，也包括 the researcher 等类似表达。基于以上分析，本文扩展了 Hyland（2005b）的分析框架，具体类别和语例见表1。

表1 学术语篇作者立场标记语分析框架

立场标记语	类别	举例
模糊限制语	认知情态动词	could, might, would
	认知形容词、副词和名词	likely, perhaps, interpretation
	认知动词及短语	seem, assume, suggest
强势语	认知情态动词	must, will
	认知形容词、副词和名词	obvious, always, argument
	认知动词及短语	demonstrate, show, find
态度标记语	情感型态度标记语	interesting, hopefully, fortunately
	评价型态度标记语	important, necessary, successful
自我指称语		I(my, me), we(our, us), the researcher(s), the author(s)

3. 研究设计

3.1 研究问题

本文选取中外学者在国内外期刊发表的英文论文摘要为研究语料，对比两类学术语篇中立场标记语的分布及使用，并为学术语篇翻译策略提供启示，具体包括以下两个研究问题：

（1）立场标记语在两类学术语篇摘要中有何分布特征？是否存在差异？

（2）对比结果对学术语篇翻译有何启示？

3.2 数据收集与处理

基于研究问题，本文参考已有研究（钱家骏、穆从军，2017）设置以下语料收集标准，以保证语料的可比性（Connor &

Moreno，2005）：①所选语料限制在同一学科，以避免学科差异对研究结果产生的差异。②划定语料的时间跨度，摒除可能存在的立场标记语历时变化的影响。③选择国内英文期刊时，排除有非华人学者参与的论文；选择国外期刊时，排除有华人学者参与的论文。基于以上标准，本文选取 China & World Economy（国内英文期刊）和 Quarterly Journal of Economics（国外英文期刊）两个经济学核心期刊在 2021—2022 年间发表的论文摘要作为语料。根据语料的代表性、权威性和可获得性原则（Nwogu，1997），本研究从两个期刊中随机抽取 30 篇论文，选取其摘要部分构建国内英文期刊摘要语料库（下称 CWE）（4510 字）和国外英文期刊摘要语料库（下称 QJE）（5059 字）。

研究采取定性和定量分析相结合的方法。首先，基于学术语篇作者立场标记语分析框架（见表1），对两个语料库中的立场标记语进行人工标注和统计。其次，对统计结果进行卡方检验看是否存在显著差异。最后，基于对比结果，讨论立场标记语在两个语料库中使用方面的异同。

4. 结果与讨论

4.1 中外学者立场标记语分布对比

如表2所示，立场标记语在国内英文期刊摘要语料库中共出现 258 次（每千词 57.2 次），在国外英文期刊摘要语料库中共出现 296 次（每千词 58.5 次），国外期刊摘要中立场标记语的使用频率稍高于国内期刊摘要。以往研究也发现中国英语学习者避免呈现自我立场，倾向于构建风险较低的作者角色来使自己隐身（徐昉，2015）。卡方检验显示国内外期刊在立场标记语总体使用频率上没有显著差异（$p=0.106$），但在四类标记语使用频率上均有显著差异（$p=0.033$；$p=0.049$；$p=0.001$；$p=0.000$）。

表2 中外学者立场标记语的整体分布情况

标记语类别	CWE		QJE		X^2	p
	原始频次	标准频次	原始频次	标准频次		
模糊限制语	72	15.9	100	19.7	4.558	0.033*
强势语	100	22.1	74	14.6	3.885	0.049*
态度标记语	30	6.6	9	1.7	11.308	0.001*
自我指称语	56	12.4	114	22.5	19.788	0.000*
总数	258	57.2	296	58.5	2.606	0.106

* $p < 0.05$。

国内期刊立场标记语使用频率由高到低分别为强势语（100）、模糊限制语（72）、自我指称语（56）、态度标记语（30）；国外期刊立场标记语使用频率由高到低分别为自我指称语（114）、模糊限制语（100）、强势语（74）、态度标记语（9）。为进一步探索两个语料库中立场标记语使用的异同，下文将分别讨论四类立场标记语的具体使用情况。

4.2 中外学者模糊限制语使用对比

模糊限制语使命题变得模糊，以弱化己方话语责任，调节作者与命题之间的关系（张勇，2010；Caffi，2007）。本研究发现，国外期刊中模糊限制语的使用频率显著高于国内期刊（原始频次为100∶72，见表2），表明国外学者在表达自身观点和立场时更倾向于采取谨慎态度，以增强话语可信度，维护人际信任，实现与读者的良性互动，并与之建立和谐关系。对比两个语料库内部发现（见表3），国外期刊三类模糊限制语使用频率（原始频次分别为35，37，28）无显著差异（$p = 0.512$），而国内期刊三类模糊限制语使用频率（原始频次分别为16，22，34）存在显著差异（$p=0.030$），说明国外学者各类模糊限制语使用更为均衡。分别对比两个语料库，发现在使用认知情态动词类模糊限制语方面，国外学者使用频次显著多于国内学者（35∶16）。基于此，中文学术论文英译时可考虑更加均衡使用各类模糊限制语，灵活使用认知形容词、副词和名词表达评判和论断；表达对学术话题的判断与协商时多考虑使用认知情态动词；使用认知动词表达对从句引导的事实或观点的立场（王晶晶、姜峰，2019）。

表3　中外学者模糊限制语使用情况

模糊限制语类别	CWE		QJE		X^2	p
	原始频次	标准频次	原始频次	标准频次		
认知情态动词	16	3.5	35	6.9	7.078	0.008*
认知形容词、副词和名词	22	4.8	37	7.3	3.814	0.051
认知动词及短语	34	7.5	28	5.5	0.581	0.446

* $p<0.05$。

尽管两个语科库的模糊限制语分布存在一定差异，但二者模糊限制语的使用也存在相似之处。中外学者在表述研究结果时都倾向于避免对命题表达武断态度。Hyland（2005b）指出，模糊限制语开辟了一个论述空间，允许读者对其解释提出不同意见，中外学者通过调节语言的模糊程度体现对读者观点的尊重，表达礼貌。同时，模糊限制语的使用不仅能使语言模糊，也可以使文章显得更加严谨准确，增强可信度和说服力（Lakoff，1972；Rounds，1982；Salager-Meyer，1994）。两类学术语篇在呈现研究结果时都频繁使用模糊认知动词 suggest 和模糊认知情态动词

can，认知动词 suggest 的主语多为 analysis, results 等词，如例（1）和例（2）中，suggest 引导从句呈现研究结果，为作者的表达留有余地。can 多出现在强势语引导的从句中，如例（3）和例（4）。在一定程度上，can 削弱了强势语 find 和 show 表现出的武断性。Hyland（2005a）指出，文本中模糊限制语和强势语的平衡程度表明作者考虑其他选择的意愿强度、对文本内容的确信程度以及对读者的尊重程度，因此，中外学者试图通过合理搭配两类立场标记语以构建与读者的和谐互动。在学术语篇英译过程中也需注意平衡模糊与确信的程度，适当把握立场表达的强度，从而准确传达原文观点。

（1）Results *suggested* that by reducing communication costs and increasing opportunities for interaction, subway construction would bring growth at the district level. （CWE1）

（2）Complementary regression discontinuity and institutional value-added analyses *suggest* that affirmative action's net educational and wage benefits for URM applicants exceed its net costs for on-the-margin white and Asian applicants. （QJE15）

（3）The empirical results show that the tightening of macroprudential policies, especially counter-cyclical capital buffers and limits on credit growth, in economies with net spillover risk (e.g. the US and China), *can* reduce the cross-border spillover of domestic financial risks to other economies. （CWE28）

（4）We find that troopers *can* equalize search rates across racial groups, maintain the status quo search rate, and increase contraband yield. （QJE14）

4.3　中外学者强势语使用对比

强势语表达作者对于命题的确定和自信，以说服读者与其结为同盟。国内期刊中强势语的总体使用频率显著高于国外期刊（100∶74，见表2），其中认知形容词、副词和名词使用频次显著高于国外期刊（见表4）。以往研究也得出类似结论（如 Hu & Cao，2011；刘应亮、陈洋，2020），表明国内学者在表达态度观点时更为直接，而国外学者较少使用强势语以避免过于肯定和武断。因此在学术语篇英译过程中，应注意把握原文中强势语的翻译，调节作者立场表达。

表4　中外学者强势语使用情况

强势语类型	CWE		QJE		X^2	p
	原始频次	标准频次	原始频次	标准频次		
认知情态动词	8	1.7	4	0.7	1.333	0.248
认知形容词、副词和名词	40	8.8	20	3.9	6.667	0.010*
认知动词及短语	52	11.5	50	9.8	0.039	0.843

* $p < 0.05$。

国内外期刊中，强势语均主要由认知动词及短语实现，用于强调事实、汇报研究成果、提升知识构建的客观性（王晶晶、姜峰，2019）。在两类学术语篇中，认知动词 find（found、finding、findings）多与 we、our 等自我指称语搭配使用来呈现研究结果，如 we find、we found、our findings，表明中外学者强调自己作为研究者和观察者的主动角色（李红梅，2011）。此外，should 是两个语料库中使用频率最高的强势认知情态动词，常用来加强作者对研究启示的确定性，强调研究的现实意义。如例（5）和例（6），国内学者使用 should 强调落实经济建设方面建议的必要性，一方面间接强调政府在政策落实方面的责任和义务，另一方面突出研究结果的确切性和可靠性。

(5) The policy implication is that the central government *should* address environmental consequences when designing place-based economic policies. (CWE4)

(6) The Chinese government *should* further relax restrictions on population inflow into large cities and prepare for more migration in the future. (CWE24)

4.4 中外学者态度标记语使用对比

态度标记语有助于提高话语可信度，表现作者批判性洞察力和学科能力（Hyland，2005a）。本研究发现态度标记语在国内外期刊摘要部分的出现频率均较低（见表5），体现出中外学者在一定程度上避免个人情感判断等主观因素对客观陈述的影响，增强学术语篇摘要的客观性。同时，中外学者评价型态度标记语使用频率均高于情感型态度标记语使用频率，说明中外学术语篇作者在表达个人情感时均较为谨慎，尽可能避免表达情感态度，以符合学术话语的客观声音预期（刘应亮、陈洋，2020）。

表5 中外学者态度标记语使用情况

态度标记语类别	CWE		QJE		X^2	p
	原始频次	标准频次	原始频次	标准频次		
情感态度标记语	2	0.4	0	0	NULL*	NULL*
评价态度标记语	28	6.2	9	1.7	9.757	0.002**

* NULL 表示由于变量为0，无法针对该数据进行卡方检验。

** $p < 0.05$。

此外，研究发现态度标记语帮助中外学者强调研究价值，然而国内学者更倾向于评价研究意义以直接体现研究价值，而国外学者多通过评价研究结果间接体现研究价值。国内外期刊使用频率最高的态度标记语均为 important，但两者在使用目的上存在一定差异。如例（7）和例（8）中，国内学者使用 important 直接修饰研究启示和研究结果，突出强调研究的价值；而例（9）和例（10）中，国外学者使用 important 间接强调研究的现实意义。这种隐性评价可以将作者的主观想法包装为客观陈述，从而让表述更有说服力（Hunston，1994）。因此，国内学者可以借鉴国外学者的做法，以更有效地获得读者的接受和支持。

（7）This study has *important* policy implications for China as it focuses on the support from daughters, who historically have not been considered to be as reliable as sons in supporting their parents. (CWE30)

（8）Our *important* findings shed light on practical trade policymaking to encourage Sino-EU trade collaboration. (CWE9)

（9）We provide evidence that landowner associations and greater presence of local elites played an *important* role in the rise of fascism. (QJE12)

（10）Our results suggest that pay discretion and wage bargaining are *important* determinants of the gender wage gap and that institutions, such as unions, might help narrow this gap. (QJE16)

4.5　中外学者自我指称语使用对比

自我指称语帮助学术语篇作者有效实现身份构建（Tang & John，1999；Hyland，2001，2002；Zareva，2013）。研究表明，国内外期刊第一人称自我指称语的使用存在显著差异（$p=$

0.000),国外期刊中自我指称语的使用更加频繁(见表6)。国内期刊使用的自我指称语包括 we、our,国外期刊使用的自我指称语包括 we、our、us、I 和 the researcher。与国内期刊相比,国外期刊摘要中自我指称语的使用数量更多、类型更丰富,表明国外学者的身份构建意识更加强烈。Hyland(2001)强调,自我指称语在学术写作中具有重要作用,是作者进行自我宣传、彰显存在性、突出个人贡献的途径。国内学者在处理学术语篇的英译时应注意自我指称语使用的数量和类型丰富度,利用自我指称语帮助实现作者身份和立场的构建。

表6 中外学者自我指称语使用情况

CWE		QJE		X^2	p
原始频次	标准频次	原始频次	标准频次		
56	12.4	114	22.3	19.225	0.000*

* $p < 0.05$。

两个语料库中使用频次最高的自我指称语均是第一人称复数代词 we。we 包含"仅指代作者"(exclusive we)和"指代作者和读者"(inclusive we)两种情况(Biber et al., 1999),与第一人称单数指称词 I 相比,"仅指代作者"的 we 可以避免彰显作者个体身份,体现团队协作,表达谦虚立场;而指代作者和读者的 we 可以激发作者与读者之间的互动,将读者呈现为研究的"局内人",以说服读者接受自己的观点。尽管本研究中国内外期刊中的 we 均仅指代作者,但如例(11)和例(12)所示,we 通常连接研究分析和研究发现,表明作者期望把研究成果呈现给读者并获得读者的接受与支持,说明中外学者均较为重视与读者关系的建构。

(11) *We* found that, compared with environmental regulation changes, inland region-biased economic policies after 2003 were more important in explaining the relative changes in SO_2 emissions between coastal and inland regions. (CWE4)

(12) *We* first document large differences in the observed mortality rates of Medicare Advantage plans in local markets. (QJE29)

5. 结论

基于自建语料库,本文对比了中外学者学术语篇中立场标记语的分布和使用,探讨了两类学术语篇中立场表达的异同。研究发现,中外学者学术语篇立场标记语的使用既有共性,也存在差异。一方面,中外学者均倾向于模糊限制词和强势语搭配使用以呈现研究结果,强势语和第一人称自我指称语搭配使用以引导呈现研究结果;均较少使用态度标记语,且相比于情感标记语,更多使用评价标记语;均较多使用自我指称语,尤其是第一人称复数自我指称语we。另一方面,中外学者学术语篇中四类立场标记语的使用频率均存在显著差异,国内学者更多使用强势语和态度标记语,而国外学者更多使用模糊限制语及自我指称语。同时,国外学者对各类模糊限制语的使用更为均衡,自我指称语的使用类别也更为丰富。在阐述研究启示时,国内学者多使用强势语,而国外学者更倾向于使用模糊限制语;相比于国外学者,国内学者更频繁使用情感标记语,更倾向于使用评价标记语直接点明研究意义,而国外学者多通过评价研究结果间接揭示研究价值。考虑到中西方价值观的差异以及目标语的文化特质,选择以英语读者为导向的解释路径能更接近读者的文化期待(Abbamonte & Cavaliere,2006)。因此,鉴于以上对比分析的结果,我们针对中文学术语篇中四类立场标记语的英译策略提出建议,以期为提升国内学术论文英译质量探索可行路径。

参考文献

Abdi, R., Rizi, M. T. & Tavakoli, M. The Cooperative Principle in Discourse Communities and Genres: A Framework for the Use of Metadiscourse [J]. *Journal of Pragmatics*, 2010, 42(6): 1669 – 1679.

Abbamonte, L. & Cavaliere, F. Lost in Translation: the Italian Rendering of UNICEF "The State of the World's Children 2004" Report [M]// S. Sarcevic & M. Gotti. (eds.) *Insights into Specialized Translation*. Bern: Peter Lang, 2006: 235 – 258.

Alghazo, S., Al Salem, M. N. & Alrashdan, I. Stance and Engagement in English and Arabic Research Article Abstracts [J]. *System*, 2021, 102681.

Aull, L. L. & Lancaster, Z. Linguistic Markers of Stance in Early and Advanced Academic Writing: A Corpus-based Comparison [J]. *Written Communication*, 2014, 31(2): 151 – 183.

Biber, D. & Finegan, E. Adverbial Stance Types in English [J]. *Discourse Processes*, 1998, 11(1): 1 – 34.

Biber, D., Johansson, S., Leech, G., et al. *Longman Grammar of Spoken and Written English* [M]. London: Longman, 1999.

Caffi, C. *Mitigation* [M]. Amsterdam: Elsevier Ltd, 2007.

Cheng, F. W. & Unsworth, L. Stance-taking as Negotiating Academic Conflict in Applied Linguistics Research Article Discussion Sections [J]. *Journal of English for Academic Purposes*, 2016, 24: 43 – 57.

Connor, U. & Moreno, A. Tertium Comparationis: A Vital Component in Contrastive Rhetoric Research [M]//P. Bruthiaux, D. Atkinson, W. Eggington, et al. (eds.) *Directions in Applied Linguistics: Essays in Honor of Robert B. Kaplan*. Bristol: Multilingual Matters, 2005: 153 – 164.

Crismore, A. O. Metadiscourse in Persuasive Writing: A Study of Texts Written by American and Finnish University Students [J]. *Written Communication*, 1993, 10(1): 39 – 71.

Crismore, A. & Vande Kopple, W. J. Readers Learning from Prose: The Effects of Hedges [J]. *Written Communication*, 1998, 5(2): 184 – 202.

Englebretson, R. Stancetaking in Discourse: An Introduction [M]// R. Englebretson. (ed.) *Stancetaking in Discourse: Subjectivity, Evaluation, Interaction*. Amsterdam/Philadelphia: John Benjamins Publishing Company, 2007: 1 – 26.

Flowerdew, L. Interpersonal Strategies: Investigating Interlanguage Corpora [J]. *Relc Journal*, 1997, 28(1): 72 – 88.

Flowerdew, J. Problems in Writing for Scholarly Publication in English: The Case of Hong Kong [J]. *Journal of Second Language Writing*, 1999, 8(2): 243 – 264.

Gries, S. T. Particle Movement: A Cognitive and Functional Approach [J]. *Cognitive Linguistics*, 1999, 10(2): 105 – 145.

Hampe, B. Facing Up to the Meaning of Face Up To: A Cognitive Semantico-pragmatic Analysis of an English Verb-particle Construction [C]// L. Foolen. (ed.) *Constructions in Cognitive Linguistics Selected papers from the Fifth International Cognitive Linguistics Conference Amsterdam*. Amsterdam and Philadelphia, 2000.

Hood, S. Voice and Stance as APPRAISAL: Persuading and Positioning in Research Writing acrossIntellectual Fields[M]// K. Hyland & C. S. Guinda. (eds.) *Stance and Voice in Written Academic Genres*. London: Palgrave Macmillan, 2012.

Hu, G., & Cao, F. Hedging and Boosting in Abstracts of Applied Linguistics Articles: A Comparative Study of English-and

Chinese-medium Journals [J]. *Journal of Pragmatics*, 2011, 3(11): 2795 – 2809.

Hunston, S. Evaluation and Organisation in a Sample of Written Academic Discourse [M]// M. Coulthard. (ed.) *Advances in Written Text Analysis*. London: Routledge, 1994: 191 – 218.

Hunston, S. Using a Corpus to Investigate Stance Quantitatively and Qualitatively [M]// R. Englebretson. (ed.) *Stancetaking in Discourse: Subjectivity, Evaluation, Interaction*. Amsterdam: John Benjamins, 2007: 27 – 48.

Hyland, K. Humble Servants of the Discipline? Self-mention in Research Articles [J]. *English for Specific Purposes*, 2001, 20(3): 207 – 226.

Hyland, K. Authority and Invisibility: Authorial Identity in Academic Writing [J]. *Journal of Pragmatics*, 2002, 34(8): 1091 – 1112.

Hyland, K. *Metadiscourse: Exploring Interaction in Writing* [M]. London: Continuum, 2005a.

Hyland, K. Stance and Engagement: A Model of Interaction in Academic Discourse [J]. *Discourse Studies*, 2005b, 7(2): 173 – 192.

Hyland, K. & Jiang, F. "We Believe that…": Changes in an Academic Stance Marker [J]. *Australian Journal of Linguistics*, 2017, 38(2): 139 – 161.

Hyland, K. & Jiang, F. "In This Paper We Suggest": Changing Patterns of Disciplinary Metadiscourse [J]. *English for Specific Purposes*, 2018, 51: 18 – 30.

Hyland, K. & Jiang, F. *Academic Discourse and Global Publishing: Disciplinary Persuasion in Changing Times* [M]. Oxon: Routledge, 2019.

Jiang, F. A Diachronic Multi-Dimensional Investigation into the Stylistic

Features in Academic Discourse [J]. *Foreign Language Teaching and Research*, 2020, 5(5): 663 – 673.

Kerbrat-Orecchioni, C. *La Enunciación, de la Subjetividad en el Lenguaje*[M]. Buenos Aires: Hachette, 1986.

Lado, R. *Linguistics Across Cultures: Applied Linguistics for Language Teachers* [M]. University of Michigan Press, 1957.

Lakoff, G. H. A Study in Meaning Criteria and the Logic of Fuzzy Concepts [J]. *Chicago Linguistic Society Papers*, 1972, 8(1): 183 – 228.

Martin, J. R. & White, P. R. *The Language of Evaluation: Appraisal in English* [M]. London: Palgrave Macmillan, 2005.

Mauranen, A. Evaluative Language Use in Academic Discourse [J]. *Journal of English for Academic Purposes*, 2003, 2(4): 269 – 271.

Morgan, P. Figuring Out Figure Out: Metaphor and the Semantics of the English Verb-Particle Constructions [J]. *Cognitive Linguistics*, 1997, 8(4): 327 – 357.

Munday, J. *Evaluation in Translation: Critical Points of Translator Decision-Making* [M]. Abingdon and New York: Routledge, 2012.

Nwogu, K. N. The Medical Research Paper: Structure and Functions [J]. *English for Specific Purposes*, 1997, 16(2): 119 – 138.

Rounds, P. L. *Hedging in Written Academic Discourse: Precision and Flexibility(Mimeo)* [M]. Ann Arbor: University of Michigan, 1982.

Salager-Meyer, F. Hedges and Textual Communicative Function in Medical English Written Discourse [J]. *English for Specific Purposes*, 1994, 13(2): 149 – 171.

Samraj, B. Introductions in Research Articles: Variations Across Disciplines [J]. *English for Specific Purposes*, 2002, 21(1): 1 – 17.

Samraj, B. Discourse Features of the Student-produced Academic Research Paper: Variations Across Disciplinary Courses [J].

Journal of English for Academic Purposes, 2004, 3(1): 5 – 22.

Tang, R. & John, S. The "I" in Identity: Exploring Writer Identity in Student Academic Writing Through the First Person Pronoun [J]. *English for Specific Purposes*, 1999, 18(4): 23 – 39.

Thompson, G. Interaction in Academic Writing: Learning to Argue with the Reader [J]. *Applied Linguistics*, 2001, 22(1): 58 – 78.

White, P. R. Beyond Modality and Hedging: A Dialogic View of the Language of Intersubjective Stance [J]. *Text-Interdisciplinary Journal for the Study of Discourse*, 2003, 23(2): 59 – 284.

Yang, Y. Exploring Linguistic and Cultural Variations in the Use of Hedges in English and Chinese Scientific Discourse [J]. *Journal of Pragmatics*, 2013, 50(1): 23 – 36.

Zareva, A. Self-Mention and the Projection of Multiple Identity Roles in TESOL Graduate Student Presentations: The Influence of the Written Academic Genres [J]. *English for Specific Purposes*, 2013, 32(2): 72 – 83.

曹双飞. 基于语料库的中菲涉南海官方文件中立场标记语对比分析 [J]. 现代语言学, 2021 (2): 298 – 306.

陈玲, 何剑利. 汉语对英语口语教学的负迁移及其应对机制 [J]. 语文建设, 2015 (8): 79 – 80.

陈庆斌. 学术期刊论文摘要中作者立场标记的对比研究 [J]. 外语学刊, 2021 (2): 41 – 47.

陈庆斌. 学术期刊论文摘要中的立场与介入——第一人称代词 we 的历时考察 [J]. 外语学刊, 2022 (3): 36 – 42.

郭嘉, 杨蕾, 王爽, 等. 母语迁移对二语写作复杂度的影响 [J]. 当代外语研究, 2022 (3): 140 – 148.

蒋跃, 陶梅. 英汉医学论文讨论部分中模糊限制语的对比研究 [J]. 外语学刊, 2007 (6): 115 – 122.

李红梅. 英语研究论文讨论部分中的强势语［J］. 安徽师范大学学报（人文社会科学版），2011（4）：447-452.

李芝，成晓敏. 中外学术期刊英文摘要立场标记语对比研究［J］. 西安外国语大学学报，2020（2）：6-10.

李战子. 学术话语中认知型情态的多重人际意义［J］. 外语教学与研究，2001（5）：353-358.

刘应亮，陈洋. 中美学生硕士论文写作中立场标记语对比研究［J］. 中国外语，2020（2）：81-89.

娄宝翠，姚文婷. 学习者学术英语写作立场副词的使用特征［J］. 河南师范大学学报（哲学社会科学版），2019（3）：114-120.

潘璠. 语用视角下的中外学术论文立场副词对比研究［J］. 解放军外国语学院学报，2012（5）：9-12.

钱家骏，穆从军. 中外学者学术论文写作立场表达强度和方式比较——基于自建语料库的汉语学术语篇引言英译研究［J］. 解放军外国语学院学报，2017（5）：29-37.

王晶晶，姜峰. 中国理工科博士生学术论文写作立场建构研究［J］. 外语界，2019（3）：23-31.

王小潞，王艺臻. 母语迁移对 EFL 学习者隐喻输出的制约——以中国非英语专业大学生的英语习作为例［J］. 外语教学，2019（3）：56-63.

徐昉. 二语学术语篇中的作者立场标记研究［J］. 外语与外语教学，2015（5）：1-7.

杨信彰. 英语学术语篇中的评论附加语［J］. 外语与外语教学，2006（10）：11-13.

张勇. 英、汉、日语模糊限制语的对比分析：类型及语义功能［J］. 贵州师范大学学报（社会科学版），2010（1）：136-140.

A Comparative Study of Stance Markers in Chinese and International Academic Discourse: Implications for Translation Strategies

Liu Yufei　Wang Le　Yu Hui

Abstract: The use of stance markers is reflective of the interaction in academic discourse. Chinese and foreign scholars might have different ways of expressing stance in academic writing due to cultural influences. Previous studies have focused on the use of subcategories of stance markers. Even fewer studies are concerned with the application to translation studies. In view of this, this study, elaborating Hyland's (2005b) framework of stance markers, aims to compare and contrast the use of stance markers between Chinese and foreign scholars. It is found that Chinese and foreign scholars make use of different kinds of stance markers, with fewer attitudinal markers and more self-mentions. Chinese scholars use more boosters and attitudinal markers whereas foreign scholars make more use of hedges and self-mentions. Chinese scholars tend to use boosters to explain research implications and evaluative markers for research significance, whereas foreign scholars tend to use hedges for research implications and evaluative markers for research significance. Based on the results, suggestions are given as to the translation of stance markers in academic discourse.

Key words: stance markers, abstracts of academic discourse, comparison between Chinese and foreign scholars, translation strategy

投射符际翻译的再现功能模式构建
——以国学经典漫画为例

曾　蕾　朱薪羽　叶　岚*

摘要：随着数字化传媒技术的发展和人类交际模式的更新，翻译研究从只关注语内、语际翻译，开始转向多模态的"符际翻译"，但学界对其重视程度仍有所不足，且相关理论框架有待构建和完善。鉴于此，本文依据系统功能语言学和视觉语法理论，构建投射符际翻译的再现功能分析理论模式，并以此模式对比分析国学典籍及其漫画译文的语言投射和漫画投射，解析国学典籍投射符际翻译构建过程的再现功能语义扩张机制。本文认为，国学漫画译文不仅实现了与国学典籍再现功能意义上的相对对等，还在多种层面上对原文投射的概念功能进行了语义扩张。经过符际翻译的图文多模态语篇更具直观性、生动性和可读性，有利于国学典籍的海内外传播和中国文化软实力的提升。另外，本研究也证明了功能语言学路径的符际翻译研究多模态话语模式的可行性和有效性。

关键词：符际翻译　投射　功能语言学　国学经典漫画

---

* 曾蕾，中山大学国际翻译学院教授、博士生导师。研究方向：系统功能语言学、翻译研究。朱薪羽，中山大学外国语学院博士研究生。研究方向：系统功能语言学、翻译研究。叶岚，中山大学国际翻译学院博士研究生。研究方向：系统功能语言学、翻译研究。

1. 引言

翻译这一概念通常被认为是发生在语言系统内部的转换，但随着传媒技术的发展，图文、音像等多模态语篇逐渐取代传统的文字单模态语篇。故翻译的概念也被扩展到包涵从语言系统到非语言系统，以及多模态语篇间的相互转换（O'Halloran，2006）。这种超越了语言系统的多模态系统间的翻译被称为符际翻译。符际翻译最早由 Jakobson（1959）提出，他将翻译分为三种不同的类型，包括语内翻译、语际翻译和符际翻译。对于 Jakobson（1959）的符际翻译观点，学界认为其阐释仍不够详细，因此不少研究对其进行了扩展和延伸（陈曦、潘韩婷、潘莉，2020）。例如，O'Halloran（2006）等学者把 Jakobson（1959）的符际翻译理论和 Iedema（2003）的再符号化理论相结合，扩充了符际翻译的概念外延和研究对象。除此之外，黄忠廉和李正林（2015：95）将符际翻译过程细化为"原符理解→符际变化→译符表达"三个阶段。虽然不少学者对符际翻译的概念和类型进行了深入详细的研究，但如何构建细致的理论框架以追踪分析符际翻译过程中不同符号系统之间的意义变换仍是符际翻译理论的一个挑战。根据 O'Halloran（2006）等学者的观点，功能语言学理论可为符际翻译研究建立相关分析模式（Kourdis & Yoka, 2012）。故本文试图通过分析国学经典漫画中的投射过程，初步构建功能语言学路径投射的符际翻译再现功能研究理论模型。

当今，我们正处在一个"读图的时代"（王宁，2014），故国学典籍的传播媒介不再只有传统的纯语言语篇，还存在大量的多模态转写译本。不可否认的是，在信息传播方面图像模态具有文字模态无法比拟的独特优势（如直观性和生动性等），更符合当今中外读者碎片化、视觉化、浅表化的阅读习惯（龙明慧，2020）。因此，这些国学典籍的多模态符际翻译作品无疑是当今时代推动中华文化"走出去"、提升国人文化自信的重要媒介。例如，蔡志忠所译著的国学漫画系列，就将众多包含中国传统文化的国学典籍以通俗易懂、生动有趣的漫画形式转写出来。该系列包含《论语》《庄子说》《老子说》等100多部国学经典漫画，在共31个国家和地区出版，总销量逾3000万册，成为国学文化输出的成功典范。

目前，针对国学典籍中的文字、文化及其国际汉语文化传播丰硕的研究成果（黄国文，2011；崔希亮，2012），从文言文转化为白话文再翻译成外文的语内、语际研究也引起了广泛关注（周庆生，2017）。虽然不少学者提出了国学典籍符际翻译的重要性和迫切性（崔希亮，2012；龙晓翔，2019），但国学经典漫画化中的符际翻译研究未引起足够的重视。目前仅有少量研究以Jakobson（1959）的语内、语际与符际翻译理论为基础分析了一些版本的漫画（强晓，2014；黄广哲、朱琳，2018；曾蕾，2022；曾蕾、于晖，2022），而国学经典漫画中极为普遍且表意机制复杂的投射现象（曾蕾、朱薪羽，2019），却鲜有研究对其进行比较宏观而又系统的符际翻译探讨。具体来说，国学典籍中的文字投射与其漫画转写本中的多模态投射的意义和实现形式的异同有待探讨和对比；且国学经典漫画中投射的再现功能精密阶需要界定。因此，本研究依据系统功能语法和视觉语法理论，试图构建投射符际翻译的再现功能分析理论模型，并以此模型对比分析国学典籍及其漫画译文的语言投射和漫画投射，解析国学典籍投射符际翻译构建过程的再现功能语义扩张机制。

2. 研究现状和理论依据概述

2.1 文字语篇和图像语篇中投射的再现功能分析模式

在语言符号创造的语义环境中表达言语和思维内容的语法形

式或语言现象被称为"投射"(projection)。"投射"主要描写一种语法结构中的逻辑语义关系,它实现说话人间接(非直接)的主客观经验意义(Halliday, 1994)。这种结构不只存在于语言单模态交际中,在图文多模态语篇也有类似的投射结构。系统功能语言学的相关论述中也涉及这一观点,并描写了漫画中的图像符号和语言符号实现的投射关系,即言语泡实现"述说"投射关系,思维泡实现"观点"投射关系(Halliday & Matthiessen, 2004:454, 2014:520; Royce & Bowcher, 2007:35)。也就是说,对话泡和思维泡里的内容不是直接被再现的,而是通过思维泡或对话泡、"感知者"或"言语者"等中介再现出来的(李战子,2003:3)。虽然 Halliday & Matthiessen(2004, 2014)提出了这两种基本投射类型,但未继续对这种图文投射现象进行系统的论述,因而对多模态投射语法的功能研究有待进一步深入。

在系统功能语言学关于投射的定义和描述的基础上,视觉语法理论把研究的重点从语言模态转向视觉模态。视觉语法对投射现象的概念化分析是从再现意义(representational meaning)层面展开的。Kress & van Leeuwen(2006)认为,再现意义由"叙事再现"和"概念再现"两部分组成。这两者都是通过再现参与者实现的。再现参与者指的是构成视觉交流的主题的参与者,即图像或语言中的人物、地点以及事件(包括抽象事物)等要素(Kress & van Leeuwen, 2006:48)。与再现参与者相对应的是互动参与者,即图像的制作者或阅读者。

因此,叙事表征不同于体现事物的存在或意义的概念表征,它所再现的是一个动作或者过程。其中包含了视觉矢量和由矢量所连接的叙事参与者们。故在视觉语法理论中,图文投射关联叙事再现类型中的言语过程和心理过程,即"述说"和"观点",其实现方式是图像中的矢量连接图像言语者\感知者和言语泡\思维泡之间的突出的斜线(Kress & van Leeuwen, 2006:68)。

然而，视觉语法似乎只是简单对投射进行了言语过程和心理过程的分类（Zeng & Zhu，2022），对于投射再现意义的内部运作和实现机制的分析方法仍有待深入研究。

2.2　系统功能多模态话语（SF-MDA）符际翻译研究路径

符际翻译探讨的是符号转换过程中意义的变化。符号一旦转换，原语篇的意义在何种程度上被保留或转化，需要构建系统化的理论模式对其进行分析。因此，符际翻译研究的挑战来自对不同符号资源的系统比较，所以其所需的理论模式不仅是适于描述的，更是可阐释的（Aguiar & Queiroz，2009：1）。系统功能语言学的社会符号观正可弥补符际翻译理论的缺陷，为其建立同时具有描述性和可阐释性的分析模式（O'Halloran，2016）。因此，O'Halloran（2016）等学者提出了以系统功能理论为基础的符际翻译模型，并通过一系列相关实例分析初步证实了功能语言学路径的符际翻译分析模式的可行性。

功能语言学路径的符际翻译分析模式与黄国文（2004）倡导的系统功能语言学理论的翻译研究路径一致。功能语言学指导的翻译研究始于功能语言学派的创始人 Halliday（1962，1964），之后相继有翻译领域的学者开始运用系统功能语言学的理论框架解决翻译问题（Catford，1965；Baker，1992；House，1977）。Halliday（2001，2009）认为，翻译对等的分析主要是考察、描写、分析功能意义上的对等，而相对对等的阐释和评估需要依据对语境的分析。因此，在符际翻译研究中，我们需要同时分析阐释不同符号资源的协同表意功能系统。这些符号资源的表意系统被认为可实现包括概念、人际、语篇功能。这三大功能分析模式被应用到其他符号系统时，不同符号的表意系统及资源是有所区别的。例如，图像和语言在对世界及经验的构建方式方面就有一定的区别，它们都有自己特定的"阅读"方式。

因此，在具有多种不同符号资源系统的多模态语篇中，这些符号资源配置的元功能的整合导致了其意义潜势的拓展。同样地，在由单模态语篇翻译到多模态语篇的过程中，语义通过符号资源的重新配置而得以扩展。而这种语义扩展不可能通过单独使用某种符号实现。除此之外，元功能在各种符号的应用分析为研究符号资源和符际关系提供了一个统一的平台（O'Halloran & Lim，2014：140）。但该模式及其实例分析比较宏观，分析的实例只是某个网页的单一实例，故其分析模式有待细化和进一步验证。

3. 构建国学漫画投射的符际翻译再现功能分析模式

视觉语法中投射的再现功能分析模式似乎尚未能系统和全面地再现功能语法的概念功能分析模式。因此，本研究基于系统功能语言学、视觉语法和功能路径的翻译学思想的相关理论和方法，构建了国学漫画投射的符际翻译再现功能分析模式，一方面再现了漫画中投射的概念功能模式，另一方面细化了视觉语法中投射的再现功能系统（见图1）。

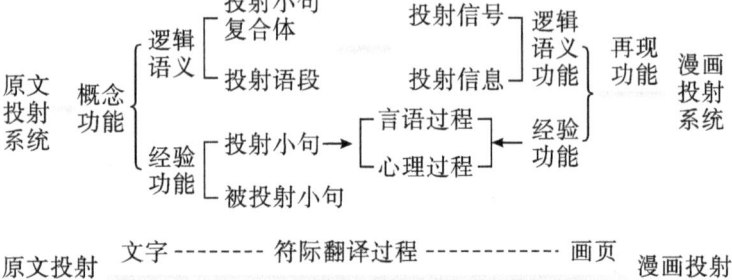

图1 国学漫画投射的符际翻译再现功能分析模式

图1展示了符际翻译再现功能的意义生成过程，即从原文投射系统到漫画的投射再现功能系统。此分析模式基于符号资源的概念功能，包括逻辑语义功能和经验功能两个部分。前者为小句

复合体分析框架，后者为小句的分析框架。因此，下文将从逻辑语义功能和经验功能这两个具体方面进行阐释。

3.1 逻辑语义功能：部分—部分的关系

投射作为逻辑语义关系在小句复合体中表现得较为明显且典型。因此在分析其功能与语义时，主要以小句复合体的投射关系为切入点（Halliday & Matthiessen，2004：377；2014：443）。这种关系是指投射小句与被投射小句之间的逻辑语义关系，即部分—部分的关系。在分析投射语言的逻辑功能意义时，不能只讨论投射小句与被投射小句两个过程之间的关系，还需要探讨投射信号和投射信息之间的意义关联（见表1）。这个界定无疑会扩展投射的内涵与外延。这是由于在 Halliday & Matthissen（2014：57）的论述中，投射信号等同于投射小句，而投射信息则是被投射小句或嵌入言语、观点、事实。但是从我们的观察与分析可以看出，在某些情况下，投射的体现形式不只是小句复合体，还存在投射语段。因此这种逻辑—语义功能分析方法也可以运用于投射语段的分析中（曾蕾，2016）。另外，在图像投射中，部分与部分关系的词汇语法实现方式在投射小句和被投射小句的基础上增加了图像独有的表意资源，故此部分—部分的关系在本文中被称为投射信号和投射信息。

表1 图文语篇中投射逻辑功能关系对比

语篇类型	文字语篇	漫画语篇
投射单位	小句复合体/语段	画页
逻辑功能	部分—部分的关系 ▼ 投射小句与被投射小句之间的关系	部分—部分的关系 ▼ 投射信号与被投射信息的关系

3.2 经验功能：整体—部分的关系

从上节可以看出，从投射的概念到再现功能的分析首先涉及投射小句复合体层面的分析，即分析逻辑功能语义关系。除此之外，投射的分析也需要涉及经验功能层面（曾蕾，2002）。经验功能分析旨在解释小句之内各个组成部分的功能，即分析有投射关联的小句中的成分关系（见表2）。而这种分析需深入探讨符号资源的及物性系统。

表2 图文语篇中投射的经验功能对比

	文字语篇	漫画语篇
投射单位	小句复合体/语段	画页
经验功能	整体—部分的关系 ∨ 投射小句和被投射小句中的关系	整体—部分的关系 ∨ 投射主体、投射信号和投射信息中的成分关系

及物性分析方法是经验功能系统网络中的主要分析方法。及物性系统是描述整个小句的系统，而不仅仅是对动词及其补语的描述。要对一个小句作及物性分析，需要分析小句的过程、参与者、环境成分。这种分析方法更能够揭示出语篇中小句的本质。例如，能够清楚解释表面形式相同而意义不同的结构。在及物性系统的6个过程（物质过程、关系过程、心理过程、言语过程、行为过程和存在过程）中，投射小句一般由言语过程和心理过程实现，这在国学经典原文中尤为普遍。被投射小句可由各种过程小句实现，每个小句中的参与者角色、过程动词和环境成分都囊括在及物性系统分析中（见图2）。

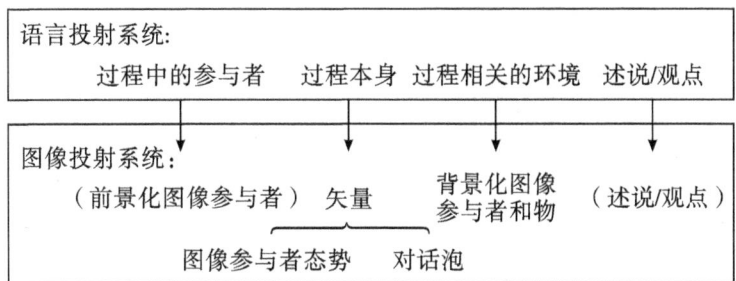

图 2　语言文字投射和图像投射小句中经验—再现功能结构及成分对比

图1构建的投射符际翻译再现功能分析模式有助于考察漫画中投射的再现意义与原文概念意义的对等与否，从而判断国学典籍中从文字单模态国学典籍的投射到图文多模态漫画的投射这一符际翻译过程是否实现了对原文功能意义的再现，以及在哪些方面对原文语义进行了拓展。在下一节中，我们将具体阐释此框架的内涵及其在实际语篇分析中的应用。

4．实例分析

在本小节中，我们运用前文讨论的符际翻译再现功能分析模式去分析国学经典漫画语料中的投射符际翻译，以检测其适用性。

4.1　符际翻译对原文投射小句复合体的逻辑语义关系的再现

4.1.1　漫画投射中逻辑语义关系的再现

原文的一个投射小句复合体在国学漫画中通常被改编为一个画页。上文提到，语言符号的"投射"为一种逻辑语义关系，主要存在于小句复合体中。同样，画页的投射关系也体现为一种逻辑语义关系，这是投射符际翻译分析中的一个重要参数。投射逻辑语义关系是部分与部分的关系，即投射与被投射的关系，这一点漫画与原文是一致的。例如，在国学漫画《论语：儒者的诤言》中，共有69个画页，每个画页对应了《论语》原文中的一个投射小句复合体或语段。其中每一投射画页，都由1个标题画格和2～5个投射画格组成。如此书的第5个画页，就投射了曾子所说的"慎终追远，民德归厚矣"这句话（见图3）。该画页由三个画格完成。其中，画格1和画格2中曾子的礼拜、祭祀祖先等动作对应了原文的"慎终"和"追远"两个动作。而画格3中所描绘的人们安居乐业、互相行礼、施舍钱财食物等图像元素对应了原文中"民德归厚"的社会状态。

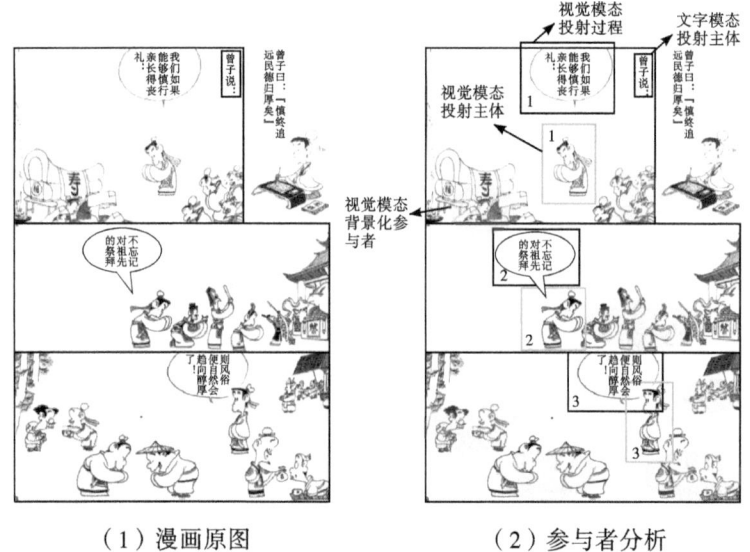

（1）漫画原图　　　　　　　（2）参与者分析

图3　国学漫画《论语：儒者的诤言》例图

可以看出，在图3中，原文投射部分"曾子曰"与漫画译文图文表征的"曾子曰"是一致的。原文被投射部分："慎终追远，民德归厚矣"与译文图文表征是对等的。原文体现的"投射小句+被投射小句"线性逻辑语义关系在翻译的过程中再现为"投射主体(文字、图像)+对话泡+投射信息(文字、图像)"的空间逻辑语义关系。可以看出,投射结构和投射符号资源在翻译中不够对等,但漫画本仍再现了原文的部分—部分逻辑语义关系。

4.1.2 漫画投射中逻辑语义关系的扩张

在国学典籍原文翻译为漫画本的过程中,漫画不仅仅再现了逻辑语义关系,而且这种关系还得到了加强和扩张。在符际翻译的投射中,部分与部分的关系更为明显。《论语》原文和图3的漫画的投射逻辑语义关系扩张分析结果如图4所示。

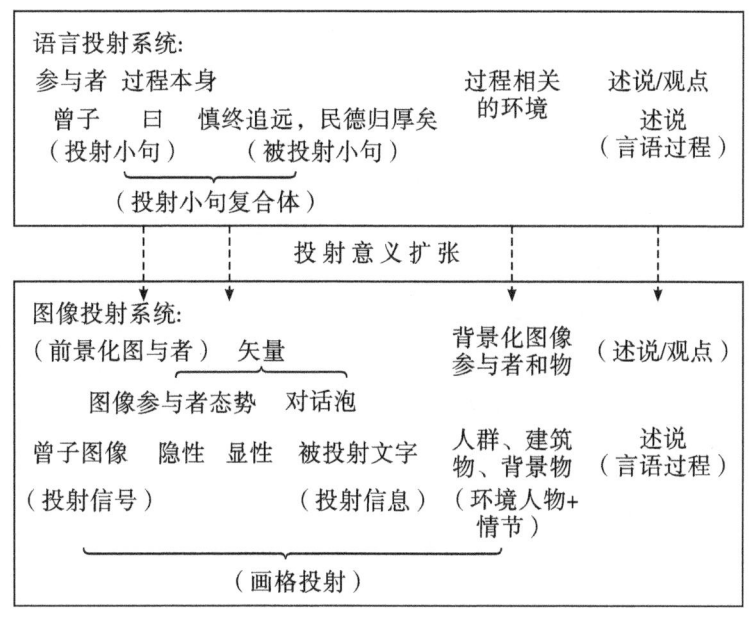

图4 《论语》漫画中的投射意义扩张

从图4分析可见,漫画译文在保留原文投射小句复合体语义的基础上,进一步实现了对原文投射的语义扩张。原文中的投射单位由一个投射小句复合体实现。而在漫画中,这个投射单位是由多个画格组成的，包括标题画格中的原文和3个主画格中与原文相对应的投射主体（曾子画像）、投射过程（图像矢量）和投射信息（白话文文字）。漫画画页中的投射与被投射的逻辑语义关系由两种模态资源实现，也就是说这两种资源重复同一投射意义。例如，《论语：儒者的诤言》的69个画页中，有49个画页存在图像和文字双符号投射信号，且有52个画页中多次重复投射主体。逻辑语义关系除了在画页中得到强显，画格内部的逻辑语义关系也不例外。例如，在图3中，画格1"曾子说"的文字投射小句投射了整个画页，之后的各画格又自带图文投射结构。由此可以看出，漫画中的投射逻辑语义比原文投射意义关系更加明显。

4.2 符际翻译对原文投射小句和被投射小句中经验意义的再现
4.2.1 漫画投射中经验意义的再现

经验意义的及物性系统是对过程小句的分析。在投射中，过程小句为言语过程小句或心理过程小句。原文投射小句复合体或投射语段中的逻辑语义关系类型主要由投射小句确定。投射小句以言语过程的方式投射次要小句时，为述说；心理过程投射次要小句时，为观点。在漫画中，投射意义关系类型一般由图像中的矢量决定。对话泡实现的矢量为言语过程（述说），思维泡投射的为心理过程（观点）。在漫画中，投射矢量也可为隐性，即无对话泡的隐性实现方式。在这种情况下，就要求解析者根据语境和创作习惯等进行辨别。

在国学典籍中，投射一般由言语过程小句实现。而在国学漫画中，虽然投射关系类型界定标准有所不同，但其投射及物关系类型与原文基本对等。例如，《庄子说：自然的箫声》中的相关数据分析就显示出这一特点，见表3。

表3　国学漫画《庄子说：自然的箫声》投射类型统计

投射类型	数量	频率
观点	8	5.84%
述说	129	94.16%
合计	137	—

表3的数据是《庄子说：自然的箫声》中最具代表性的前10篇的数据统计。数据结果显示，漫画投射基本由言语过程（述说）实现，占比高达94.1%。可见原文与漫画投射的经验意义和类型是对等的。

4.2.2　漫画投射中经验意义的扩张

同样地，与漫画逻辑语义关系的扩张一样，漫画中实现经验意义的符号资源表意机制也比原文更为复杂。原文的投射小句和被投射小句在经过符际翻译后，其经验意义的扩张体现在投射信号和投射信息的重复和多样化两个方面。

投射信号的语义扩张。在原文的语言投射中，投射信号由投射小句实现。投射小句则由投射主体（主语、主要参与者角色）和投射动词组成。而在经过符际翻译的漫画投射中，投射信号比原文更显多样化。具体来说，漫画中的投射信号包含了投射主体（前景化图像或文字）和投射矢量（言语泡或思维泡）。

首先，投射主体具有重复化和多样化的特点，即投射主体重复出现，同一参与者多次重复，单一的参与者会被翻译为多个参与者。例如，图3的漫画所翻译的"慎终追远，民德归厚矣"这句话。在《论语》原文中，投射信号为投射小句"曾子曰"。此小句由言语过程实现，包括参与者与投射动词。其中原文的参与者仅有3个，分别为曾子，我们（省略）和民。而在漫画翻译本中，投射信号包括一个文字模态投射主体（曾子），三个视觉模态投射主体（前景化曾子画像）和三个对话泡（言语过程）。漫画投射中的参与者比起原文也明显增多［如图3（2）］。其中包括了3个曾子图像（前景化），我们（省略）和若干周围人群图像（背景化）。

正是这种具有重复性的图文投射机制，导致投射主体的数量比起原文呈倍数增长。例如，在《庄子说：自然的箫声》前10个篇章的137个投射结构中，投射主体出现了97次。其中作为主要投射主体的"庄子"更是重复出现了77次，占比79.4%。除了图像参与者的重复之外，漫画中还会存在不同模态投射主体的重叠使用。例如《论语：儒者的诤言》中的69个画页中，同时绘有图像投射主体和文字投射主体的画页占比高达71%。

除此之外，漫画中投射主体的形态也呈现多样化的特点。从构建投射主体的符号资源来看，投射主体的表意资源既有文字模态，也有图像模态，甚至还存在少数图文共同构建的多模态投射主体（如图5）。文字模态的投射主体较简单，通常出现在每一章第一个画格的右上角。图像模态的投射主体在漫画译本中最为常见，其形态变化也最为多样化。首先，投射主体的体态多样，从最普通的站姿，到坐姿、卧姿、鞠躬、仰头等等都有出现。其人物表情也是千变万化，例如严肃、惊讶、大笑、悲伤、失落、平静、悠然等。除此之外，投射主体的动作、服饰和背景也随着所阐述的哲理内容或故事情节发展有所变化。另外，在某些画格中，甚至出现了图文多模态的投射主体［如图5（7）］。在这种情况下，投射主体的语义被扩张，不仅再现了原文的言语者，还通过在图像中加入文字实现了对投射信息内的意义进行辅助阐述的功能。

其次，漫画中投射矢量的形态也显示出多样化和重复化的特点。国学漫画的矢量形态多样，常见的矢量类型有常规对话泡，无框对话泡和思维泡。漫画中的投射矢量比起相对应的原文的投

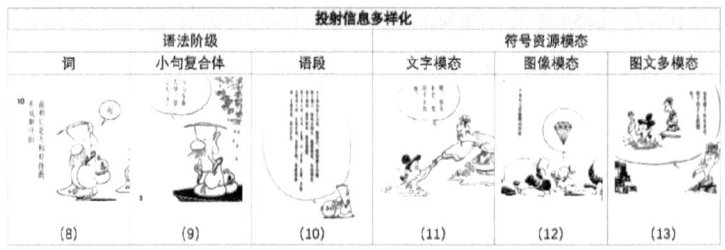

图5　投射主体和投射信息多样化例图

射动词数量明显增多。如图3所示，原文一个投射动词"曰"对应了漫画中的三个投射矢量（对话泡）。漫画通过对投射信号的多样性和重复性进行翻译，实现了对原文的语义再现和多方位的语义扩张。这也体现出漫画的语篇体裁特点，与国学典籍原本简单的语言投射形成鲜明的对比。

投射信息的语义扩张。同样地，漫画中的投射信息也显示出重复性和多样性的特点。在投射信息的符际翻译过程中，不仅被投射单位的数量增多，同时语义也得到了扩张。经过符际翻译，国学漫画中的投射信息结构数量远大于原文。例如，在图3中，原文的单个被投射小句由三个画格中的三个投射泡分别实现，即在这三个言语泡中分别嵌入了三个被投射小句，且当中的投射信息一般都经过了语内或语际的翻译处理。漫画本中的投射信息不仅数量增多，其形式亦呈多样化趋势（见图5）。

如图5所示，从语法阶级上看，投射信息不仅有词、小句复合体，还有语段。从符号资源模态来看，存在纯文字模态投射信息、纯图像模态投射信息和图文多模态投射信息。

由以上分析可以看出，国学漫画作为国学经典的符际翻译作品，当中运用的多模态符号资源不仅实现了投射的再现功能语义，而且使其意义获得成倍增加。首先，对比原文简单的投射小句复合体（投射小句 + 被投射小句）语法结构，漫画译本的图文多模态投射语法结构更为复杂。文字模态投射功能结构为线性模式，即投射小句（投射主语 + 投射动词）和被投射小句共同组成一个投射单位。而在漫画语篇中，多模态投射功能结构为画页模式，由文字模态投射模式和图像投射分别或共同组成。也就是说，文字模态的一个投射单位为一个投射小句复合体，而漫画中的一个投射单位为一面画页。经过符际翻译的国学漫画译作不仅再现了国学典籍原作者的主题和原文所蕴含的思想，还进一步再现和扩展了原文隐含的（背景）环境和缺省的语境意义。这种意义上的扩张展现了漫画创作者和白话文译者（语内翻译者）对原文的个性化理解。因此可以说，漫画译本不仅再现了原文的显性意义，也通过直观和多样化的方式再现了原文的隐性意义。这种隐形意义的显性化在很大程度上降低了阅读国学经典的受教育和文化门槛，使得很大一部分从未接触过中国文化和国学的外国读者也可以轻松地阅读和理解，从而促进国学典籍的海内外传播和中国文化软实力的提升。

5. 结论

本研究基于系统功能语言学、视觉语法和符际翻译理论，尝试提出了投射的符际翻译再现功能分析模式。该模式一方面拓展与细化了视觉语法中的投射再现功能意义潜势系统，另一方面探讨了漫画投射的概念功能分析模式的可行性。以此框架为基础，本文对比分析了国学经典原文及其漫画译文语篇中的语言投射和漫画投射，解析了投射符际翻译构建过程的功能语义的对等和扩张机制，以及语篇中投射逻辑语义和经验意义的实现方式。研究结果显示，在国学漫画的符际翻译过程中，其再现功能意义与原文相对对等。但由于图文多模态译文的表意资源潜势呈扩张趋势，故漫画译文在对等的基础上还实现了对原文再现功能意义的扩张。经过符际翻译的图文多模态语篇结合了图片和文字表意资源的优势，不仅再现了国学典籍原作者的主题和原文所蕴含的思想，还进一步扩展了原文化背景和隐性意义，使其比起典籍原文更具直观性、生动性和可读性，有利于国学典籍的海内外传播和中国文化软实力的提升。此结果表明，基于系统功能语言学的语言模态投射分析框架可作为构建图文多模态投射分析框架的基础，并可清晰地阐释出经典漫画中投射意义实现的词汇语法形式在多模态话语中的内在规律。因此，本研究的结果不仅仅阐释了漫画投射分析的必要性，也指出了符际翻译的功能语言学和多模态话语分析路径的可行性。

参考文献

Aguiar, D. & Queiroz, J. Towards a Model of Intersemiotic Translation [J]. *The International Journal of the Arts in Society*, 2009, 4 (4): 203–210.

Baker, M. *In Other Words: A Coursebook on Translations*[M]. London: Routledge, 1992.

Catford, J. C. *A Linguistic Theory of Translation* [M]. London: Oxford University Press, 1965.

Halliday, M. A. K. Linguistics and Machine Translation [J]. *Zeitschrift fuer Phonetik, Sprachwissenschaft und Kommunikationsforschung*, 1962, 15: i/ii.

Halliday, M. A. K. Comparison and Translation [M]//M. A. K.

Halliday, A. McIntosh & P. Strevens. (eds.) *The Linguistic Sciences and Language Teaching*. London: Longman, 1964: 111 – 134.

Halliday, M. A. K. *An Introduction to Functional Grammar* [M]. London: Arnold, 1994.

Halliday, M. A. K. Towards a Theory of Good Translation [M]// E. Steiner & C. Yallop. (eds.) *Exploring Translation and Multilingual Text Production: Beyond Content*. Berlin: Mouton de Gruyter, 2001.

Halliday, M. A. K. The Gloosy Ganoderm: Systemic Functional Linguistics and Translation [J]. *Chinese Translators Journal*, 2009(1): 17 – 26.

Halliday, M. A. K. & Matthiessen, C. M. I. M. *An Introduction to Functional Grammar* [M]. 3rd ed. London: Arnold, 2004.

Halliday, M. A. K. & Matthiessen, C. M. I. M. *Introduction to Functional Grammar*[M]. 4th ed. Abingdon: Routledge, 2014.

House, J. *A Model for Translation Quality Assessment* [M]. Tubingen: Gunter Narr, 1977.

Iedema, R. Multimodality, Resemiotisation: Extending the Analysis of Discourse as Multi-semiotic Practice [J]. *Visual Communication*, 2003: 29 – 57.

Jakobson, B. On Linguistic Aspect of Translation[M]// R. A. Brower. (ed.) *On Translation*. Cambridge. MA: Harvard University Press, 1959: 232 – 239.

Kourdis, E & Yoka, C. Intericonicity as Intersemiotic Translation in a Globalized Culture [C]// Wang & Ji. (eds.) *Our World: A Kaleidoscopic Semiotic Network*. Proceedings of the 11th World Congress of the IASS/AIS, 5 – 9 October 2012. Nanjing: Hohai University Press, 2012.

Kress, G. & van Leeuwen, T. *Reading Images: The Grammar of Visual Design* [M]. London: Routledge, 2006.

O'Halloran, K. L. & Lim, F. V. Systemic Functional Multimodal Discourse Analysis [M]// S. Norris and C. Maier. (eds.) *Texts, Images and Interactions: A Reader in Multimodality*. Berlin: Mouton de Gruyter, 2014: 137 – 153.

O'Halloran, K. L., Tan, S. & Wignell, P. Intersemiotic Translation as Resemiotisation: A Multimodal Perspective [J]. *Signata. Special Issue on Translating: Signs, Texts, Practices*, 2016: 199 – 229.

Royce, T. D. & Bowcher, W. L. *New Directions in the Multimodal Discourse* [M]. New Jersey: Lawrence Erlbaum Associates, 2007.

Zeng, L. & Zhu, X. Y. Intersemiotic Projection and Academic Comics: Towards a Social Semiotic Framework of Multimodal Paratactic and Hypotactic Projection [J]. *Semiotica*, 2022 (247): 227 – 254.

陈曦, 潘韩婷, 潘莉. 翻译研究的多模态转向：现状与展望 [J]. 外语学刊, 2020 (2): 80 – 87.

崔希亮. 汉语国际教育与中国文化走出去 [J]. 语言文字应用, 2012 (2): 25 – 27.

黄国文. 翻译研究的功能语言学途径 [J]. 中国翻译, 2004 (5): 17 – 21.

黄国文.《论语》的篇章结构及英语翻译的几个问题 [J]. 中国外语, 2011, 8 (6): 88 – 95.

黄广哲, 朱琳. 以蔡志忠典籍漫画《孔子说》在美国的译介谈符际翻译 [J]. 上海翻译, 2018 (1): 84 – 89, 95.

黄忠廉, 李正林. 翻译批评体系符号学考量 [J]. 外语教学, 2015, 36 (4): 95 – 97, 113.

李战子. 多模式话语的社会符号学分析 [J]. 外语研究, 2003

(5)：1-8,80.

龙明慧. 与时俱进创新翻译——论数字化时代中国典籍复译[J]. 外国语（上海外国语大学学报），2020，43（2）：121-128.

龙晓翔. 大数据时代的"大翻译"——中国文化经典译介与传播的若干问题思考[J]. 外国语（上海外国语大学学报），2019，42（2）：87-92,99.

强晓. 海外《论语》漫画英译评鉴[J]. 上海翻译，2014（2）：48-53.

王宁. 走出"语言中心主义"囚笼的翻译学[J]. 外国语（上海外国语大学学报），2014，37（4）：2-3.

曾蕾. 从逻辑功能到经验功能——扩展"投射"现象的概念功能模式[J]. 现代外语，2002（3）：269-275.

曾蕾. 从投射小句复合体到投射语段——以《论语》原文与译文的对等分析为例[J]. 现代外语，2016，39（1）：42-51,146.

曾蕾. 功能途径的国学漫画中投射符际翻译人际意义初探[M]//司显柱，常晨光. 功能路径翻译研究：第一辑. 广州：中山大学出版社，2022：24-55.

曾蕾，于晖. 从言语到图文的功能语境翻译探讨[M]//司显柱，常晨光. 功能路径翻译研究：第一辑. 广州：中山大学出版社，2022：56-73.

曾蕾，朱薪羽. 国学经典漫画中投射概念意义的多模态再现机制探讨[J]. 北京科技大学学报（社会科学版），2019（6）：1-9.

周庆生. 中国语言文化传统与古代语言政策流变[J]. 语言战略研究，2017，2（5）：71-81.

A Study of the Representational Model of Projection in Intersemiotic Translation Process: Taking Sinology Comics as Examples

ZengLei　Zhu Xinyu　Ye Lan

Abstract: Accompanied with the development of new media, intersemiotic translation is frequently observed in human communication, the research of which, however, has not attracted enough attention and is relatively less discussed. This research aims to establish an analytical framework based on Systemic Functional Grammar and Visual Grammar and to demystify the intersemiotic translation process of projection from the perspective of representation. This framework is then used in an empirical research of sinology comics to analyze the semantic parallel and expansion of projection in its intersemiotic translation process. The results show that the sinology comics not only parallel sinology classics functionally but also realize the semantic expansion from the perspective of ideational metafunction. This research emphasizes the necessity of analyzing projection configuration in comics as well as the feasibility of studying intersemiotic translation under the guide of Systemic Functional Linguistics and multimodal discourse analysis.

Key words: intersemiotic translation, projection, systemic functional linguistics, sinology comics

再实例化与再语境化视角下的翻译拓扑模型构建

刘 毅[*]

摘要：本文从系统功能语言学再语境化和再实例化视角构建一个翻译拓扑模型，阐释英汉跨语翻译之间的互文性关系。该翻译模型由语义具示和语境可迁移性横竖坐标组成，将翻译互文性关系划分为下缩迁移、合并迁移、功能迁移及上扩迁移等四类模式，然后以社科术语 Legitimation Code Theory 多种汉译版本为例予以系统阐释。

关键词：语境　再语境化　再实例化　语义具示　可迁移性

1. 引言

对翻译本质的看法历来林林总总。Steiner（1992）将各种不同的观点归纳成两大类，即相通论（the universalist position）和相对论（the relativist position）。相通论认为翻译可以跨越两种语言外表的差异表达存在的共通性，相对论则认为每种语言描绘世界的方式均是独一无二的，因此翻译受到语言独特性的制约，无

---

[*] 刘毅，博士，韩山师范学院教授。研究方向：功能语言学、翻译研究、外语教育。

法实现对等。Halliday（1962/2005）似倾向于相对论一说，他认为翻译对等具有相对性，是一种"或多或少"的关系。但他并未系统阐释怎样体现这一或多或少的关系。本文以社科术语 Legitimation Code Theory 的汉译为例，试图从再语境化和再实例化视角构建一个翻译拓扑模型，阐释英汉翻译之间存在的这一"或多或少"的意义关系。

2. 翻译的再语境化和再实例化

在翻译研究领域，系统功能语言学已成为一种重要的理论框架，它强调语言的功能和语境的关系。语境在语言识解过程中起着关键的作用，对于意义的编码与解码至关重要。语言的应用须考虑情景语境及相关的文化语境。系统功能语言学对情景语境进行了系统的重构，创建了独自的语域理论。其创建者韩礼德（1994）认为，情景语境包含"语场"（field）、"语旨"（tenor）和"语式"（mode）等三个变量。语场（field）指发生的事或正在被谈论的事，即社会活动；语旨（tenor）指参加者的身份和他们之间的关系；语式（mode）指语言在具体环境中所起的作用，是书面或是口头的形式等。这三个变量分别由语言的概念意义、人际意义和语篇意义来实现。我们可以使用这些变量分析具体的话语语域。

英汉两种语言属于完全不同的文化传统。将英语的情景语境移植到汉语的情景语境需要一个再语境化过程，涉及源语的移位与目标语的重新定位。语言是文化的载体，不同的语言体现不同文化的特点与彼此之间的差异。由于中西方文化语境之间巨大的差异性，翻译意义的传递必然受到语言背后的社会、地理、历史及意识形态等因素的制约。这些制约因素体现在语言的各个层次，在翻译过程中影响着语场、语旨与语式及与此相关的元功能表达，在某种程度上决定着翻译意义的传递效果。

Martin（2010）认为系统功能语言学涵盖实现化、实例化和个体化等三个维度。现有研究多集中在实现化维度，对实例化和个体化关注不足。国内基于系统功能语言学的翻译研究也基本围绕着实现化维度开展，它们多应用语境理论、元功能理论、功能句法理论、评价理论等开展了卓有成效的研究（司显柱、常晨光，2020）。但实现化维度并不能完全解释英汉翻译之间"或多或少"的关系。我们需要从实例化维度研究翻译意义的传递问题。

在实例化维度研究方面，Martin（2010）提出语义具示（commitment）这一概念，用于分析"文本相对的语义重力"，检视可选系统意义的占有程度及系统内部已选的精密程度，它既包括词语上下义的正式分类，也包括其他词语精密度的非正式分类。传统的语义学往往聚焦于类别与成员或整体与部分的关系，忽视其他语义具示的形式。这些其他语义形式包括通过分类词和修饰语扩张的名词词组和对物品的具体描述等，也包括不同文本及物性过程的详略程度。这些意义的不同变化揭示语义投入的强弱程度。简而言之，语义具示可以用于探讨不同文本之间通过时间维度产生的互文联系。

Martin（2010）将跨语翻译视为互文再实例化现象，翻译是一个从实例化到解例化再到再实例化的过程。所谓解例化，指回归至语言系统以打开语言潜势；再实例化，则指利用语言潜势的意义范围将源语文本意义体现为目标语文本意义。运用语义具示这一概念有助于分析这一再实例化过程。根据马丁的再实例化理论，de Souza（2010）提出跨语翻译存在三种互文性关系的观点，即引述、释述及复述。引述在跨语翻译中表达基本相同的概念与人际意义，释述会产生某些语义落差，复述的语义落差则大于释述。显然，引述是翻译的理想模式。但由于再语境化过程中社会文化因素的制约，翻译也会考虑释述与复述模式。Chang（2018）

比较了《傲慢与偏见》不同中文译本，采用具示意义这一概念分析不同的目标文本对原语文本的再实例化的不同模式。

综上所述，翻译既是一个再语境化的过程，也是一个再实例化的过程。笔者认为可以将两个维度相结合，组成一个翻译拓扑模型，用以更好地阐释翻译意义之间的关系。拓扑图的横坐标为具示意义，其右端表示具示语义最强，意义表述最为详细具体，左端则表示具示意义最弱，意义表述最为笼统概括。拓扑图的竖坐标为语境可迁移性，其上端表示意义可迁移性最强，原语与目标语语境意义重合度最高，其下端表示意义可迁移性最弱，原语与目标语语境意义重合度最低。横坐标与竖坐标均为意义连续体，其力度强弱均相对而言（图1）。

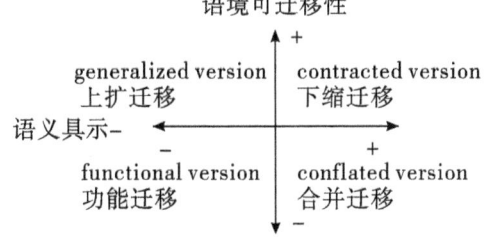

图1 翻译拓扑图模型

根据图1模型，两种语言翻译之间的关系可分为下缩迁移、合并迁移、功能迁移及上扩迁移等四类模式，分别定义如下：

下缩迁移（contracted version）：比照源语，目标语的具示意义较强，并伴随较强的语境迁移度，两种语言的语场吻合，具有较强的一致性，如将 uncle 翻译为"舅舅"。

合并迁移（conflated version）：比照源语，目标语的具示意义较强，但语境迁移度较弱，两种语言的语场一致性较弱，容易引起歧义，如将肯德基广告语"We do chicken right"翻译为"我们做鸡好"。

功能迁移（functional version）：比照源语，目标语的具示意义较弱，语境迁移度也较弱，如将"哪里、哪里"翻译为"Thank you."。

上扩迁移（generalized version）：比照源语，目标语的具示意义较弱，但语境迁移度较强，两种语言的语场吻合，如将"Oliver Twist"翻译为"雾都孤儿"。

在下一节中，我们以 Legitimation Code Theory（简称 LCT）这一社会学术语中 Legitimation 的汉译为例，阐释该翻译模型的具体应用。

3. Legitimation 的多种译法比较

LCT 理论由悉尼大学 Karl Maton（2014）教授创立，广泛应用于高校课堂教学、学术写作、高等教育评价、网上国际化教育等实践研究，在学术界的影响与日俱增。该理论聚焦于社会实践背后的知识结构、语义结构及自主性原则，主张所有的社会实践均传递值得的、有价值的及正当的评价意义。其核心含义涉及合法性状态和合法性过程，是一种通过努力获得的认可性社会行为。该理论先后由汤斌（2014）、朱永生（2015），以及张德禄和覃玖英（2016）等介绍到国内。但对其中的 Legitimation 一词的翻译有不同的版本，分别列举如下：

·合理化语码理论（汤斌，2014）

·合法化语码理论（朱永生，2014；张德禄、覃玖英，2016）

·合法性符码理论（李战子、胡明霞，2016）

此外，LCT 还可考虑翻译为"赋值性语码理论""语码规范理论""认可性语码理论""合规性语码理论""识本语码理论""知本语码理论"及"社会实践解码理论"等。

受不同文化传统制约，学术术语的翻译不可避免地存在一定程度的语义落差,在人文社科概念的翻译中尤其如此,这也导致了目标语多种翻译版本的产生,而各种版本均有其合理性因素。根据本文提出的翻译模型分析框架,可以将以上 LCT 不同的汉译版本分别归为合并迁移、下缩迁移、功能迁移及上扩迁移等四类翻译意义模式。例如,汉译"合法化"或"合法性"属于合并迁移,具有一定的歧义性。根据《汉语大词典》的释义,合法性主要指"合法的性质或状态,如通常因合法婚姻怀孕、生孩子与家长之间的家庭关系引起的法律地位,孩子有受抚养的权利,有使用合法父亲的姓氏的权利,有不可限制的继承权和受法律充分保护的权利"[①]。同时,"合法性"也有"正当性"的含义。根据 BCC 大型汉语语料库的频次统计,以 2015 年为例,"合法性"在国内报章共出现 72 频次,其中合法性作为"合乎法律"的用法有 64 频次,作为"正当性"的用法仅有 8 频次。因此,在中文语境中,合法性作为"合乎法律"的用法占有主导地位。将 LCT 翻译成"合法性"或"合法化"语码理论,对不熟悉该理论的读者极有可能产生某种误解,误认为该理论属于法学领域。合并迁移的歧义性在所难免。汤斌(2014)将 LCT 译成"合理化语码理论",这一译法则属于下缩迁移模式。根据汉语大词典的释义,合理指"合乎道理或事理"[②]。LCT 理论用于分析社会实践的基础性因素,提供合理的解释。但"合理化"一词不能涵盖 LCT 理论所包含的合法性、正当性及社会认可性等意义,也不能涵盖其取向语码、语义语码和自主性语码等三种维度意义。因此,下缩迁移具有以偏概全的倾向。"语码规范理论""认可性语码理论"及"合规性语码理论"等译法也可归类于下缩迁移模式。"识本语码理论"与"知本语码理论"则可归

[①] 《汉语大辞典》,http://www.hydcd.com/cd/htm6/ci104957d.htm.
[②] http://www.hydcd.com/zidian/hz/5384.htm.

类为功能迁移模式，因为这两种译法旨在传递 LCT 的本质特征，即探讨人类社会实践背后的核心组织原则。"识本"或"知本"与 Legitimation 的语场相差甚远，其抽象程度较高，语义具示则偏弱。将 LCT 译为"社会实践解码理论"则属于上扩迁移，该译法是对 LCT 理论的归类概括，因 LCT 仅是众多社会实践解码理论之一。所以上扩迁移具有以偏概全的特点，可能更适合定义性的说明。

然而，术语是凝聚一个学科系统知识的关键词，具有高度的规约性（郑述谱，2005）。尽管术语的翻译具有多种版本，但需要定于一尊。面临不同翻译模式的各种可能性，译者的选择需要基于某种合法性基础。本文提出的翻译模型涵盖四种跨语翻译的互文性关系，每种关系均具有其合法性基础。在多种译法中，译者须决定哪个版本占据主导地位，从而做出相应的选择。Van Leeuwen（2008）将合法性分为四类，其中一类为权威化，指基于传统、习俗及法律所获得的合法性。以此为据，LCT 应译为"合法性"或"合法化"语码理论为宜。尽管"合法"一词有被误解的可能，但其正当性的用法在学界已得到认可。随着 LCT 理论在国内学界的进一步应用，"合法性"的含义也会进一步明晰化，从而消除合并迁移所带来的歧义性。

术语的规约性要求译文必须统一。但在具体语篇翻译中，同一个词语根据上下文的语境可以有不同的译法。仍以 legitimation 的派生词为例，请看下段：

LCT emphasizes that all practices convey the message of being valid, valuable and legitimate. Those practices may possibly have a legitimate or valid reason.

Above all, the key meaning concerns legitimacy and legitimating; it should have a sense of being an action, something one has to struggle for, strive for through effort. It is about struggles to be seen as legitimate.

合法性语码理论强调所有的实践均传递"值得的、有价值的、正当的"这样一种评价信息。这些实践均可能具有正当的或有效的缘由。其核心含义涉及合法性状态和合法性过程，是一种通过努力争取的行为，是关于获得某种认可的争斗。

以上译文对 legitimate、legitimacy 和 legitimating 采用了不同译法。将 legitimate 分别译为"正当的"和"认可的"，将 legitimacy 与 legitimating 译为"合法性状态"和"合法性过程"，既采用了功能迁移和下缩迁移模式，也采用了合并模式。运用不同的跨语翻译互文关系模式旨在更全面地说明 LCT 理论的本质特征。因此，翻译是一个复杂的动态过程，会涉及不同的互文关系模式，不应一成不变。

跨语翻译是在两种不同语言潜势之间的解码与编码，须考虑语境的可迁移性和再实例化的程度，涉及各类互文性关系的选择与调整。无论是学术术语翻译，还是语篇翻译，都要受到再语境化因素的制约，在各种可能的选择中作出自己的判断。

4. 结论

不同的语言建构世界的方式不同，导致各种各样的语义沟壑，使得其成为跨语翻译的制约因素。本文基于系统功能语言学再语境化和再实例化视角，尝试构建一个翻译拓扑模型，旨在探讨跨语翻译的互文性关系。该翻译模型由语境可迁移性和语义具示两个坐标线组成，构成四类互文性模式，并以 LCT 理论的汉译为例，尝试说明翻译之间"或多或少"的关系。

翻译作为语境意义的再创造，是一个语义结构选择的动态过程，须考虑语境意义的可迁移性和语义具示的体现。不同语义结构的选择决定于译者对语境意义可迁移性和具示意义的认知程度。

参考文献

Chang, C. G. Modelling Translation as Reinstantiation [J]. *Perspectives*, 2018, 26(2): 166 – 179.

Halliday, M. A. K. Linguistics and Machine Translation [M]// M. A. K. Halliday. *Computational and Quantitative Studies*(ed. by J. J. Webster). London: Contimuum, pp. 20 – 36.

Halliday, M. A. K. *An Introduction to Functional Grammar* [M]. London: Arnold, 1994.

Maton, K. *Knowledge and Knowers: Towards a Realist Sociology of Education*[M]. Abingdon, Oxon: Routledge. Routledge, 2014.

Martin, J. R. Semantic Variation: Modeling Realisation, Instantiation and Individuation in Socialsemiosis[M]// M. Bednarek and J. R. Martin (eds.) *New Discourse on Language: Functional Perspectives on Multimodality, Identity and Affiliation*. London: Continuum, 2010.

de Souza, L. *Interlingual Reinstiation: A Model for a New and More Comprehensive Systemic Functional Perspective on Translation* [D]. Sydney: Sydney Unversity, 2010.

Steiner, G. *After Babel: Aspects of Language and Translation*[M]. 2nd ed. Oxford: Oxford University Press, 1992.

李战子, 胡明霞. 基于语义重力说和评价理论的评价重力——以傅莹《中国是超级大国吗?》演讲为例 [J]. 外语研究, 2016 (4): 1 – 6.

汤斌. Maton 的合理化语码理论与系统功能语言学的合作 [J]. 现代外语, 2014 (2): 52 – 61.

司显柱, 常晨光. 功能路径翻译研究: 第一辑 [M]. 广州: 中山大学出版社, 2020.

张德禄, 覃玖英. 语义波理论及其在教师课堂话语分析和建构中的作用 [J]. 外语教学, 2016 (2): 52 – 55.

郑述谱. 术语的定义 [J]. 术语标准化与信息技术, 2005 (1): 5 – 14.

朱永生. 论语义波的形成机制 [J]. 外国语, 2015 (3): 48 – 57.

Reinstantiation and Recontextualization: Towards a New Systemic Functional Model of Translation
Liu Yi

Abstract: This paper will focus on the translation phenomenon as cross-cultural reinstantiation and recontextualization and proposes a new systemic functional model outlining four types of translated meanings distinguished from each other by different degrees of commitment (Martin, 2010) and context transferability. Translation from source language to target language may be considered as the outcome of intertextual reinstantiation (Martin, 2010), involving the cross-cultural transfer of recontextualized meanings. This may result in semantic gaps in the target language due to various recontextualizing constraints imposed by different linguistic, social and cultural traditions. Those constraints result in differing degrees of commitment and context transferability in the target language. Based on Martin's work, I construct a topological plane to examine the basis of the semantic gaps in the translation of technical terms. The plane, generated by the two continua of commitment and context transferability, provides four potential modalities of translated meanings, namely contracted version, conflated version, functional version and generalized version, which reflect various semantic mismatches in both metafunctions and contextual variables. Both the contracted and conflated versions are more committed but the former retains the same context while the latter overlaps with another context, often evoking an unintended meaning. The functional version is less committed but not confined to the same context while the generalized version is also less committed but confined to the same context. The proposed model conceives translation as a renegotiation of meanings between the source language and the target language, undergoing a process of interlingual reinstantiation. In the analysis, the Chinese translation of "legitimation" in the Legitimation Code Theory will be used as a case study. A dozen of Chinese versions will be compared and classified respectively into the four modalities of the model based on their different strengths of commitment and context transferability. The choice of the preferred option should be made in relation to the theory in which the technical term is used. The case study shows the proposed model provides a new perspective on discussion of issues related to the translation of technical terms in the social sciences.

Key words: context, recontextualization, reinstantiation, commitment, transferability

中美领导人生态话语的对比与翻译*
——生态语言学视角

谢桂霞　韦　倩　夏凤琪　马韵恬　梁颖雯　欧娟伶**

摘要：本文以系统功能语法及物性系统和作格系统为理论基础，对习近平主席和拜登总统在2021年的世界领导人气候峰会上的演讲稿作描写和对比分析，并从生态语言学的视角进一步对以两国领导人为代表的中美生态话语作阐释。文章还以中美两国不同的生态话语为参照，尝试对习近平主席演讲稿的英译语篇作评估。

关键词：生态语言学　及物性系统　作格系统　领导人演讲稿

1. 引言

Halliday认为，我们所处的"现实世界"（reality）并非既定的，而是被主动建构的，语言便参与了这一建构过程。语言是意识（conscious）和物质（material）相互影响的产物（1990/2003：145）。换言之，由于不同文化对世界的认识不尽相同，体

---

* 本文系2022年大学生创新创业训练计划项目（项目编号：202211107）的成果。
** 谢桂霞，博士，中山大学国际翻译学院副教授，研究方向：莎剧翻译、翻译学。韦倩，夏凤琪，马韵恬，梁颖雯，欧娟伶，中山大学国际翻译学院2019级本科生。专业方向：英语。

现在语言话语上也形态各异。在生态领域，随着气候变化对全球人类生活的影响越来越明显，国际社会对生态话题的讨论也越发频繁。然而，由于不同文化对人与自然的关系认知各不相同，使用语言表征所处环境的话语也不尽相同。在 2021 年的世界领导人气候峰会上，各国领导人就未来气候治理和经济社会发展提出建议。根据 Halliday "语言构建现实"的观点，这些领导人的发言在一定程度上反映了领导人所代表的文化、国家或国际组织对全球气候治理的认知。本文认为，分析和对比各国领导人在该峰会上的发言稿，能够加深对不同国家生态意识的了解，也有助于国家、组织之间的交流，促进全球生态领域的沟通。本文拟以习近平主席和拜登总统在本次峰会上的演讲稿为研究对象，从生态语言学和翻译学的角度出发，以系统功能语言学中的及物性系统为理论框架，探讨中国生态话语与美国生态话语的不同，以及中国生态话语在翻译过程中所产生的变化。

2. 系统功能语言学、生态语言学与翻译研究

系统功能语言学以语言的概念功能、人际功能和语篇功能等元功能为基础，并分别将这三大元功能对应语场、语旨和语式等三类情景语境范畴，实现对不同领域、不同层面的语言描写。Halliday 曾将系统功能语言学定性为"适用语言学"（Appliable Linguistics）（2012/2013：150），强调系统功能语言学能够帮助非语言学家群体，如教育者、译者、科学家等，解决与语言相关的问题（2010/2013：128），是同时具有"理论活力"（theoretical robust）和"服务能力"（serviceable）的语言学（2012/2013：150）。文献也证明，系统功能语言学在较多的人文社科领域均有丰硕的应用成果，如儿童语言发展、教育语言学、话语分析，以及与本文相关的生态语言学和翻译研究等。

生态语言学（ecolinguistics）指结合了生态学和语言学，研究语言与生态之间各种各样关系问题（Fill & Mühlhäusler, 2001；Fill & Penz, 2017），并从生态的角度研究语言系统和语言使用的新兴语言学分支（范俊军，2005；韩军，2013；黄国文，2016；赵蕊华、黄国文，2019 等）。生态语言学领域有两种被广泛接受的研究范式："豪根模式"和"韩礼德模式"。"豪根模式"也被称作隐喻模式，即将语言环境与生物生态环境作比拟，把生态学领域的概念和方法移植到语言学研究中，关注特定的语言与其语言环境之间的相互关系（Haugen, 1972/2001）。"韩礼德模式"被称为非隐喻模式，关注语言如何影响我们与生态环境的关系，是"生物学"意义的生态研究，强调语言与生长状况、种类特性以及物种形成之间的关系（Halliday, 1990/2003；Fill & Mühlhäusler, 2001；黄国文，2017；等）。

"韩礼德模式"生态语言学研究从 2015 年左右开始在国内兴起，并已成为一大研究热点（牛桂玲等，2019；张兰，2021）。纵观学者们的研究，可以看到生态语言学的关注点主要是理论介绍、分析模型建构和应用讨论等方面。学者们通过勾画系统功能语言学与生态语言学的关联，讨论系统功能语言学对生态语言学和生态话语分析的启示，探讨构建生态话语分析的可能性（辛志英、黄国文，2013；黄国文，2016，2017），或在系统功能语言学理论框架内，讨论如何构建生态话语的分析模型和评价体系（何伟、张瑞杰，2017；何伟、魏榕，2017；何伟、马子杰，2020；于晖、王丽萍，2020；等）。应用方面，则主要体现在使用三大元功能，分析包含自然元素的语篇（黄国文、陈旸，2017；潘杰、原苏荣，2022；等）。较多研究聚焦其中一大元功能，如及物性分析（何伟、耿芳，2018；于晖、王丽萍，2020；曹进，2022；等），人际意义分析（张瑞杰、何伟，2018；何小敏、王晓燕，2018；杨星星、刘景霞，2020），或者使用态度系统或评价系统等相关理论，展开生态话语分析（杨阳，2018）。整体来说，这些研究中的"生态"因素，主要体现在分析材料选择生态主题语篇，如包含自然因素的诗歌，或生态领域相关的语篇，如美国退出《巴黎协议》的新闻报道等，然后从系统功能语言学的理论视角，对语篇的语言展开描写，并从积极、中立、消极等角度展开话语分析。

系统功能语言学基于"功能—层级"的分析模型，能够对语言做出具有启发价值的描写（Halliday & Matthiessen，2014：xvii），在翻译研究领域也有深远的应用传统。从20世纪60年代开始，陆续有翻译研究学者将系统功能语言学的理论应用到翻译研究中（Wang & Ma，2021）。他们借助系统功能语言学的理论展开翻译现象的理论思考（Catford，1965；Matthiessen，2001；Steiner，2005；Huang，2016；等），或将系统功能语言学的理论用于翻译实践的文本描写、案例分析、教学培训以及质量评估等方面（House，1997；Hatim & Mason，1990；Munday，1998；Chang，2018；Wang & Ma，2021；张美芳，2005；司显柱，2016；等）。近年来，随着科学技术的发展，更是出现了许多结合语料库技术，将系统功能语言学作为文本标注基础的研究（Teruya，2006；Becher, House & Kranich，2009；Nansen-Schirra, Neumann & Stener，2012；等），或结合行为跟踪软件开展的研究，如键盘跟踪、眼动跟踪等（Jakobsen，2011；Carl, Banglore & Schaefer，2015；等）。然而，鉴于语料库等技术手段目前仍处于分析较低的语法层次，而人工分析较难组织的情况（Wang & Ma，2021：134），Matthiessen建议小型语料采用人工分析，大型语料采用技术辅助的解决方法（2014：191）。

在把系统功能语言学应用在翻译案例分析上，三大元功能为常用的理论工具之一。学者们有的讨论三大元功能在翻译中的综合应用（黄国文，2004；黄国文、陈旸，2014；Huang，2016），也有分别讨论不同元功能的单独应用（Halliday，1971；黄国文，2002；Kim & Huang，2012；Mason，2012；Huang，2013；Yu & Wu，2016；Baker，2018，Munday，2018；等）。在功能路径的翻译讨论中，概念功能常被赋予重要的位置。Halliday 认为，虽然三大元功能在语言系统中没有高低之分，但在翻译中，概念功能被赋予最高的价值，因为"'翻译等值'便是基于概念层面的定义；如果一篇文本与原文不在概念层面对应，便不被看作翻译，关于翻译的好坏评价也自然不存在"（2001：16）。基于对三大元功能在翻译中的"等值"讨论，黄国文（Huang，2017）提出元功能等值的等级排序，也将概念功能中的经验功能列为三大元功能的翻译等值之首。然而，在完成对系统功能语言学路径的翻译研究的梳理后，Wang 和 Ma 却也发现，在应用三大元功能的翻译研究中，较多的研究聚焦于人际功能和语篇功能的分析，而概念功能的应用则有待加强（2021：76-77）。

基于上述回顾，本文拟基于系统功能语言学理论，从概念功能的及物性体系角度，描写和分析生态主题的语篇，并尝试分析语篇所传递出来的生态意识。因为所分析的语料为三篇语篇，故将采用手动分析的方式分析。下文是本文及物性系统在本案例中的分析框架。

3. 语料分析理论框架

及物性系统是概念功能的子系统之一，它把人们在社会生活中的见闻与行为分类整理，归类成六个过程：物质过程、心理过程、关系过程、行为过程、言语过程、存在过程，并建立了以这六个过程为中心——包括"过程""参与者""环境成分"三部分——的描写框架（胡壮麟等，2005；Halliday & Matthiessen，

2014）。物质过程与做某件事的动作有关，它有两个参与者，包括"动作者"（Actor）与受该动作影响的"目标"（Goal）。作为及物性体系中最多样化的过程，物质过程又可以按照动作对"目标"的作用，进一步分为"创造类"过程（creative）和"转变类"过程（transformative），前者指动作过程催生了目标，后者指动作对已有目标的改变。心理过程涉及"反应""感觉""认知"等心理活动，参与者有心理活动的主体"感知者"（sensor）和被感知的客体"现象"（phenomenon）。根据过程的语义特点，心理过程又可以进一步分为四个子类：感知（perceptive）、感情（emotive）、认知（cognitive）和意愿（desiderative）等。关系过程表示事物之间的关系，分为两个类型，即"归属"（attributive）和"识别"（identifying）。前者包含"载体"（carrier）和"属性"（attribute）两个参与者，后者包含"被识别者"（identified）和"识别者"（identifier）两个参与者。行为过程与人的生理活动过程相关，只有"行为者"一个参与者。言语过程是指说话传递信息的过程，参与者有三个，分别是"讲话者"（sayer）、"受话者"（receiver）和"讲话内容"（verbiage）。存在过程反映某个事物的存在，只有"存在物"（existent）一个参与者（胡壮麟等，2005；Halliday & Matthiessen，2014）。六个过程中都可能会出现环境成分，包括空间、时间、方式、程度等类别，与传统语法中的状语相似。在这六个过程中，因为心理过程关注的是参与者对世界的感知，而行为过程关注参与者的身体和心理行为，因此，这两类过程都需要具有意识的参与者（Halliday & Matthiessen，2014：245，301）。

关于及物性系统的分析，Halliday（1985）还指出，除了从"及物"角度关注小句各种过程种类及参与者的功能之外，还存在"作格"的语义模式。作格分析主要关注小句的"中介"（medium），即过程动作得以实现的关键参与者。作格的动作过程有"行为"(doing)和"发生"(happening)两类。"行为"类表示"过程的实现被表征为'过程+中介'这一组合的外部参与者导致";"发生"类中,"过程的实现被表征为(中介)的自发行为"(Halliday & Matthiessen, 2014: 336)。换言之,"行为"和"发生"这两类过程的区别主要在于过程动作的发生是否受到"过程+中介"之外的其他参与者的影响或干预。受到其他参与者影响的"行为"类小句被称为"作格句"(effective/ergative voice),自发发生的"发生"类小句被称为"中动句"(middle voice)。换言之,从语态角度来说,没有动作"实施者"(agent)特征的小句为"中动句",如"The glass broke.";体现动作"主体"的小句为"作格句",如"The glass was broken by Tim."。在"作格句"中,主体有时候可以隐藏起来,如上例变成"The glass was broken."。因此,从该角度分析小句有助于审视动作发生是否受到外部因素影响,进而观察该小句是否具有故意隐藏实施者的意图。

及物性分析和作格分析相互补充,中介的作格功能与及物系统中的成分也有相应的对应。具体如图1所示。

物质过程	等同于"动作者"(中动),等同于"目标"(作格)
行为过程	等同于"行为者"
心理过程	等同于"感知者"
言语过程	等同于"讲话者"(中动),等同于"受话者"(作格)
归属关系过程	等同于"载体"
识别关系过程	等同于"token"
存在过程	等同与"存在物"

图1 作格中介与过程参与者的对应

(资料来源:Halliday & Matthiessen, 2014: 343)

及物性系统的及物分析和作格分析为相互补充的子系统。"及物分析是一种线性的阐释",主要区分参与者(即直接参与的"动作者"和"目标"及"环境"。作格是一种以"过程+中介"为核心式（nuclear）的扩展式分析（Halliday & Matthiessen，2014：347-348），如图2所示，作格分析"关注小句的因果关系建构，反映过程发生的自发性和因果性"（于晖、王丽萍，2020：47）。在作格分析中，实施者（Agent）、收益者（Beneficiary）和范围（Range）都具备部分参与者和环境功能，即可能以类似参与者的名词短语形式，或以类似于环境的介宾短语形式出现在小句中，而以何种方式出现，则具备一定的语篇功能（Halliday & Matthiessen，2014：348），可以帮助我们窥探作者的意图。及物和作格两个子系统的结合，曾被Halliday（1971）用于分析文学语篇的文体特征，也已被用于话语分析（刘明，2016；于晖、王丽萍，2020；等），充分体现其描写和阐释力。本文将结合及物性分析和作格分析，展开对中美领导人的生态相关主题演讲稿平行文本和翻译文本的对比分析。整个分析框架为基于于晖和王丽萍（2020）的模型的细化，具体如图3。

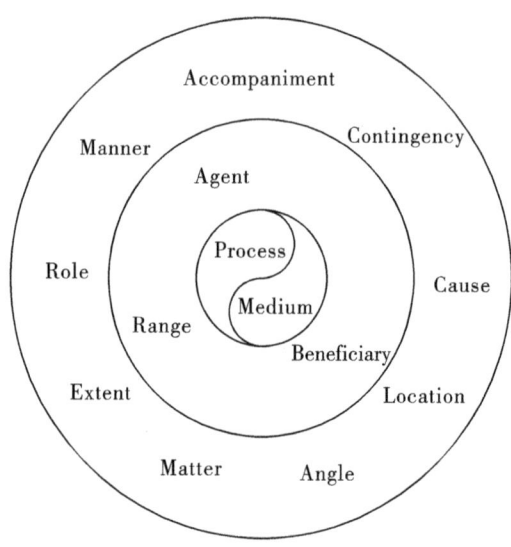

图2 过程+中介的核心小句

（资料来源：Halliday & Matthiessen，2014：348）

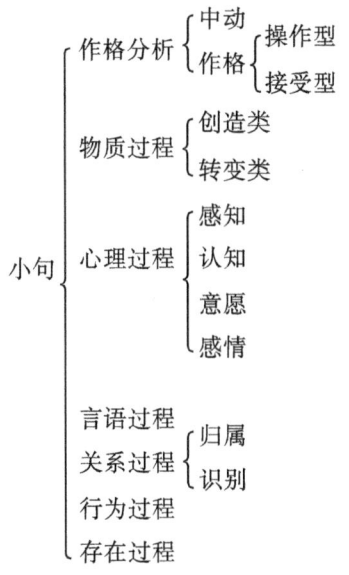

图 3　及物性系统和作格系统的语篇描写框架

4. 数据收集、标注和分析

4.1 数据收集和标注

语言不仅反映世界，而且能够建构世界。在 2021 年 4 月 22 日至 23 日举办的世界领导人气候峰会上，各国领导人就气候问题发表演讲，这些演讲可以说是各国最具代表性的生态话语。中国和美国是全球碳排放量最大的两个国家，两国的生态意识在全球环境治理中有举足轻重的影响力。本文选取中美两国在本次峰会上的演讲作为分析语料，即中国国家主席习近平的《共同构建人与自然生命共同体》（简称"习中"）和该演讲的官方英译文本（简称"习英"），以及美国总统拜登在此次峰会上的致辞（简称"拜英"），共三个语篇。拟以系统功能语言学中的及物性系统为理论框架,探讨中国生态话语与美国生态话语的不同,以及中国生态话语在翻译过程可能产生的变化。

鉴于语料篇幅较小,且分析将同时涉及及物性系统和作格系统,因此语料标注采用人工标注的方法,并采用三人平行标注的方式,按照图3的模型进行标注。在出现标注不同意见时,则求助专家意见,以保证标注的准确性。在标注的过程中,如遇到嵌入结构(embeded clause),则不作进一步分析。如例1中,"人类生存"是一个嵌入结构,在标注过程不会进一步将其标为"物质过程",而将其作为实施者看待。

例1

"习中"例句	施事者	过程					
		物质	行为	心理	言语	关系	存在
自然遭到系统性破坏,	Effective;ranged	Transform:receptive					
人类生存就成了无源之水,无本之木。	Middle;ranged					identifying	

基于以上的操作方法,得出"习中""习英"和"拜英"及物性系统统计表(见表1)和"习中"和"习英"翻译过程变化数据表(见表2)。

表1 "习中""习英""拜英"及物性统计

过程			"习中"		"习英"		"拜英"	
			数量	比率	数量	比率	数量	比率
作格分析	中动句		79	59.8%	74	42.8%	61	65.6%
	作格句	操作	51	38.6%	94	54.3%	31	32.6%
		接受	2	1.5%	5	2.9%	1	1.1%
		共计	53	40.2%	99	57.2%	32	34.4%
及物分析	物质过程	创造类	14	9.8%	15	8.7%	11	11.8%
		转化类	80	57.6%	111	64.7%	33	35.5%
		共计	94	67.4%	126	73.4%	44	47.3%
	心理过程	感知	0	0	0	0	7	7.5%
		认知	18	13.6%	6	3.5%	5	5.4%
		意愿	10	6%	19	10.4%	4	4.3%
		感情	9	6.8%	2	1.2%	0	0
		共计	27	22.0%	27	15%	16	17.2%
	言语过程		2	1.5%	4	2.3%	3	3.2%
	关系过程	归属	11	8.3%	10	5.8%	9	9.7%
		识别	2	1.5%	5	2.9%	19	20.4%
		共计	13	8.3%	15	8.7%	28	30.1%
	行为过程		0	0	0	0	3	3.2%
	存在过程		1	0.8%	1	0.6%	1	1.1%
过程合计			137		173		95	

表2 "习中"和"习英"翻译过程变化数据

翻译情况	物质过程	心理过程	关系过程	言语过程	存在过程	总数
过程不变	66	7	2	1		76
过程改变	9	15	11	1	1	37
过程增加	23	1	1	1		26
过程删除	8					8

4.2 数据分析

4.2.1 及物性分析

对比表1中汉英的生态话语语篇及物性情况可见，两国领导人的演讲稿中，物质过程、心理过程和关系过程均为占比最高的三种过程，言语过程、行为过程和存在过程数量均不多。在物质过程内部，转化类的数量也均多于创造类的数量。两类文本也存在一些明显的不同。首先，汉语语篇中，物质过程占比甚至过半，达到67.4%，"拜英"语篇中则占47.3%。其次，汉语语篇中，占比位居第二的为心理过程（占22.0%），英语语篇则为关系过程（占30.1%）。在更下一层的观察又可见，在心理过程中，汉语语篇占比最高为认知心理过程，而英语语篇为感知心理过程。最后，在关系过程中，汉语语篇归属类关系过程占多数，而英语语篇中识别类的关系过程占多数。

对比习近平的汉语演讲稿及其英译，可以发现译文在维持原文的各类过程的同时，也对其中一些内容做了改变。例如，物质过程的占比被提高，占所有过程的比例为73.4%。心理过程的占比则变低，从汉语语篇的22%降到15%，与拜登的英文语篇占比相似。在心理过程的第二层面，认知心理过程的占比也从13.6%降到3.5%，感情心理过程从6.8%降低到1.2%，意愿心理过程则从6%升高到10.4%。关系过程中,归属关系过程增加到5处。

结合表2对习近平演讲稿的中文原文及其译文进一步分析可以看到,汉语语篇中的94处物质过程,有66处被保留到译文中,发生过程改变的有9处,分别占比约70.2%和9.6%;27处心理过程中,7处得以保留,15处发生改变,分别占比25.9%和55.6%;13处关系过程在翻译过程维持不变和发生变化的分别是2次和11次,分别占15.4%和84.6%。其他言语过程和存在过程也存在不多的变化。在存在变化的案例中,最常见的转变为物质过程与关系过程之间的转变,如例2和例3。

例2

汉语原文:(中华文明)追求人与自然和谐共生。

英语译文:It has been our constant pursuit that man and Nature could live in harmony with each other.

例3

汉语原文:(大自然)是人类赖以生存发展的基本条件。

英语译文:It provides everything essential for humanity to survive and thrive.

在例2中,汉语原文的"物质过程"被翻译成"关系过程",例3中的"关系过程"则被翻译为"物质过程"。

除了对过程的翻译维持不变或转变,翻译过程还出现增加过程或删减过程的情况,这也主要发生在物质过程中,如例4。

例4

汉语原文:(我们)以创新为驱动,大力推进经济、能源、产业结构转型升级。

英语译文：[...] let the power of innovation drive us to upgrade our economic, energy and industrial structures [...].

例5

汉语原文：新冠疫情持续蔓延，使各国经济社会发展雪上加霜。

英语译文：The ongoing COVID – 19 pandemic has added difficulty to economic and social development across countries.

翻译中发生过程增删的情况，主要在于将非谓语或名词结构转为谓语结构，如例4；或反之，将谓语结构转为非谓语，如例5。

4.2.2 作格分析数据

作格分析的数据表明，在汉英两个语篇中，中动句的数量均比作格句多，说明两个文本的大部分过程均为自发的行为动作。在作格句中，操作类又明显比接受类高，只有个别情况隐藏了施事者。如在"自然遭到系统性破坏"这一个小句中，破坏自然的动作者被隐藏了。

在习近平的汉语演讲稿英译文本中，一个最为突出的现象是作格句的数量被提升到高于中动句，如例6。

例6

汉语原文：人类进入工业文明时代以来，在创造巨大物质财富的同时，也加速了对自然资源的攫取……

英语译文：Since the time of industrial civilization, mankind has created massive material wealth. Yet, it has come at a cost of intensified exploitation of natural resources [...].

汉语语篇中的"创造"和"加速"分别对应的中介为"巨

大物质财富"和"攫取"。两个过程的施事者,均为"人类",列出了人类的各种行为,均为作格句。在译文中,两个动作过程分别为"has created"和"has come",第一个过程保持"人类"作为施动者,第二个小句则用了指示代词"it",指代前文的"massive material wealth",并从原来的作格句,变为中动句。英译过程的另一种情况是作格句中的部分操作类小句,被翻译为接受类,如例7。

例7

汉语原文:中国将碳达峰、碳中和纳入生态文明建设整体布局……

英语译文:The targets of carbon peak and carbon neutrality have been added to China's overall plan for ecological conservation.

原文中,"中国"作为小句的施事者,对"碳达峰、碳中和"这个中介为行动者,发出"纳入"的行为。译文将"碳达峰、碳中和"作为主语,隐去了施事者。

Halliday(1971)认为,语言的对比分析有助于发现一些有意义的规律性形式,而这些对突出特点的分析则有助于理解和评估文学作品。当然,Halliday这一论述,对非文学语篇的分析也非常重要。下文将基于本节数据中体现出来的突出特点,对汉英生态语篇以及汉语语篇的英译进行分析。

5. 分析

基于第四部分的数据分析可以看到,习近平所代表的中国生态话语和拜登所代表的美国生态话语在语言表征上有一定的相似性,但也有不同。这些语言对比所体现出来的特点也从一侧面反映出中美两国领导人,甚至是中美两种文化,在生态话语方面的认知。基于两国的对比，以英文语篇作为可比文本（comparable text）反观中国领导人演讲稿的英译，可以对英译版本的传播提出一些假设性建议。

5.1 中美生态话语解读

基于对中美领导人的演讲稿的语篇分析，中美的生态话语可以进行如下解读。

在习近平的演讲稿及其英译语篇中，物质过程占据了压倒性的比例（分别为67.4%和73.4%），在拜登的演讲稿中，物质过程也占了近一半（47.3%），说明两国的演讲稿都主要突出与生态相关的行动。同时，在两国领导人的演讲稿中，在物质过程中，转变性的占比约为创造性物质过程的两倍，说明两者均注重施事者采取了何种行动来改变现状，而不是创造了什么事物。从作格系统来看，汉英语篇中，中动句结构居多，在作格句中，也以主动句为主，体现了动作的主动性。

如果再进一步从物质过程的施事来看，可以发现，两国的生态话语对于施事的强调不相同。根据何伟和张瑞杰（2017）的分类，施事可分为"个体施事""群体施事""物理性场所施事""社会性场所施事"和"人外生命体施事"。在习近平的演讲稿中，可以分别找出上述各类施事者，如"我""人类""绿水青山""发达国家"等，其中，"人类""国际社会""中方"等的使用频率较高，突出了对集体行动力的强调。此外，语篇中也有几次大自然等物理性场所的施事被赋予了生命，强调其对人类的主动性影响。拜登演讲稿中包含"I""the United States""we""the wellbeing of our workers"等，其中"I"的使用频率较高，突出了拜登对个人行为的强调。语篇中有几次以自然影响的结果作为施事，突出其对经济的影响。可见，中国生态话语强调集体的行动力，美国话语倾向个人的行动力。

中美生态话语中对集体或个人因素的强调，还可以从心理过程的数据得到体现。在习近平的演讲稿中，心理过程整体占比22.0%，仅次于物质过程。在心理过程中，以个体施事的"我"作为感知者（sensor）仅有3处，分别为表达参加峰会的心情和意愿，如"我愿同大家就气候变化问题深入交换意见"等，在其他的心理过程中，感知者均为群体施事，如"中方"或"中国"，体现中国作为一个国家的集体认知和意愿。拜登的演讲稿中，以"I"作为感知者的，有14处之多，其中包括表达个人的感知的，如"I see farmers deploying cutting-edge tools to make soil of our Heartland the next frontier in carbon innovation."，表达个人认知的，如"I believe we can do this."等。这些心理过程体现了拜登作为个人的一些想法和认知。

物质过程的动作往往指向一定的目标。目标指动作的对象。在中文语篇中，"目标"包括"应对气候变化挑战之策""人与自然生命共同体""自然""各国人民的获得感""雄心和行动""系列绿色倡议"等；拜登的英文语篇的目标包括"an economy""good jobs""existential crisis of our times""the worst consequences of a climate crisis""economic benefits"等。可以看到，中国的生态话语更强调人类对自然和社会的行动结果，以及对改善自然环境的行为，体现"和谐生态"的认知；美国的生态话语则更强调自然界的经济价值，体现自然界的实用主义方面的价值。

从及物性统计中关系过程的数据也可以看到，在拜登的演讲稿中，关系过程的占比高达30.1%，可见这一过程在整个语篇中的重要性。关系过程反映两个事物之间的关系，其中，归属类（attributive）体现为"类别—成员"（class-membership）的关系，即通过将某一具体实体（entity）归入某类抽象事物来完成对实体的认知，具体实体体现为抽象类别的一个示例（instantiation）。识别类（identifying）关系过程中，一个实体被赋予某种特性，并由另一个实体来确认。在拜登的演讲稿中，归属类有9处，识别类有19处。透过这些关系过程，可以看到拜登是如何基于他的认知借助语法方式建立实体之间的关系的。如在例8这个归属类关系过程中，拜登将本次峰会讨论的议题与各国领导人对本国人民的责任相互联系起来；在例9的归属类关系过程中，他又将建立未来经济基础与各国的目标结合起来，因此在各国与生态议题之间建立了关联。习近平的演讲稿中，关系过程不多，且基本为归属类，主要是对大自然和生态以及对生态治理原则的定义，如例10和例11，而几乎没有出现将生态相关实体与其他具体国家自身相关联的话语构建。

例8

Your leadership on this issue is a statement to the people of your nation and to the people of every nation.

例9

[... we'll] lay a strong foundation for growth for the future. And that can be your goal as well.

例10

大自然是包括人在内一切生物的摇篮。

例11

共同但有区别的责任原则是全球气候治理的基石。

整体来说，通过对比习近平和拜登的演讲稿，我们可以看到，以这两位领导人为代表的中美两国生态话语存在一定的差别。中国生态话语强调集体的行动力，突出人类活动对大自然的影响，以及体现对改善自然的决心；美国的生态话语则注重个人行动力和认知，强调生态对经济民生的影响以及生态保护行动与经济的关系，并注重将具体的行动与各国之间建立联系，以增强有针对性的号召力。

5.2 中国生态话语翻译

翻译不是对原文的"被动反映",而是对意义的"创造性重构"(Matthiessen,2001:74),追求的是"语境下的功能对等"(Halliday,2001:16),因此,译者对原文的翻译处理,需要结合语篇来调整。而目的语中同类语境下的语篇,便是翻译处理的最好参考。基于上述对中美生态话语异同的解读,本节尝试以拜登的演讲语篇作为可比文本,分析习近平在峰会上的演讲稿的英译语篇,并提出一些尝试性的评价与建议。

习近平演讲稿的英译本基本保持原文的及物性和作格系统。基于表1可以看到,其中,最大的改变是将汉语语篇中的心理过程的比例,从原来的占比22%降低到15%。而对这些在翻译过程发生转变的心理过程再作进一步分析,又可以看到大部分被转变的心理过程被翻译为物质过程,其次是转变为关系过程。如例12中,原文的动作"顺应"为心理过程,表示一种认知,在译文中被转变为物质过程的 ride。在心理过程中,又可见主要减少认知类的心理过程,提高意愿类心理过程,突出了行动的决心,如例13的小标题,汉语原文为省去感知者的认知类心理关系,在译文中被转变为意愿类心理过程。通过对比拜登的英文可比文本的数据,我们认为英译语篇的这些调整,均为帮助汉语语篇适应英语语境,有助于译文的传播。

例12

汉语原文:(我们)要顺应当代科技革命和产业变革大方向⋯⋯

英语译文:[...] we need to ride the trend of technological revolution and industrial transformation [...].

例 13

汉语原文：坚持绿色发展。

英语译文：We must be committed to green development.

然而，从及物性系统的角度，并以拜登的可比文本作为参照的话，译文也有一些可以提升的地方。比如，英文译文的关系占比还是相对较低，虽然也出现如例 14 的情况，但汉语语篇中的物质过程在翻译为关系过程时，将原来汉语中的动作以一种较为客观的和静态的方式表达出来，符合英文在该类语篇中使用关系过程确定两个实体之间关系的习惯。从作格的角度来看，英文语篇中以操作型作格句为主，接受型作格句较少，即隐去施事的作格句较少，可能是为了让文本更容易理解。但在习近平演讲稿的英译中，出现了几次将原文的操作型作格句以接受型翻译出来的情形，如例 15 的汉语原文为一个操作型的作格小句，在英语译文中，操作型被转变为接受型。这个改变部分是为了增加上下文的句式变化，以及为了前后小句之间的衔接，但可比文本避免使用接受型作格句，因此不建议作这样的调整。

例 14

汉语原文：中华文明追求人与自然和谐共生。

英语译文：It has been our constant pursuit that man and Nature could live in harmony with each other.

例 15

汉语原文：（中国）支持有条件的地方和重点行业、重点企业率先达峰。

英语译文：Support is being given to peaking pioneers from localities, sectors and companies.

世界领导人气候峰会关系到全球的生态环境保护，作为在全球影响力日益增强的国家，中国不仅要在气候峰会上展示自身的行动力，也要体现号召力。在习近平演讲稿的英译中，拜登的可比文本为我们评价英文译本提供了一定的借鉴。

6. 结语

本文尝试从系统功能语言学的及物性和作格两个视角，分析了2021年世界领导人气候峰会上习近平主席和拜登总统两位领导人的演讲稿，尝试探索中美两国生态话语的异同，并为习近平的演讲稿英译提供参照。文章基于对三篇语篇的描写分析发现，中美的生态语篇均注重对行动的强调，但中国的生态语篇更强调集体的行动力，以及人类与自然之间的平等互动关系，而美国的生态语篇更强调个人对生态现象的认知，注重生态对经济和生活的影响，并善于将生态相关的活动与各国相关联。把拜登的英文语篇作为可比文本分析习近平演讲稿的英译语篇，我们发现，英译语篇从不同过程方面对汉语语篇作出调整，使之适应该类英文语境中该类语篇的特征。但也可以看到，英译语篇在提高关系过程使用以及降低接受型作格小句使用上，可以进一步提升，以使英译语篇达到更好的交际效果。

参考文献

Baker, M. *In Other Words: A Coursebook on Translation*[M]. Abingdon & New York: Routledge, 2018.

Becher, V., House, J. & Kranich, S. Convergence and Divergence of Communicative Norms Through Language Contact in Translation [J]. *Convergence and Divergence in Language Contact Situations*, 2009(8): 125–152.

Car, M., Bangalore, S. & Schaefer, M. (eds.) *New Directions in Translation*

Process Research[M]. Berlin & New York: Springer, 2015.

Catford, J. C. *A Linguistic Theory of Translation* [M]. London: Oxford University Press, 1965.

Chang, C. Modelling Translation as Re-instantiation [J]. *Perspective: Studies in Translation Theory and Practice*, 2018, 26(2): 166 – 179.

Fill, A. & Mühlhäusler, P. (eds.) *The Ecolinguistics Reader: Language, Ecology and Environment* [M]. London & New York: Continuum, 2001.

Fill, A. & Penz, H. (eds.) *The Routledge Handbook of Ecolinguistics* [M]. London: Routledge, 2017.

Halliday, M. A. K. Linguistic Function and Literary Style: An Inquiry into the Language of William Golding's The Inheritors [J]. *The Language and Literature Reader*, 1971: 19 – 28.

Halliday, M. A. K. *An Introduction to Functional Grammar* [M]. 2nd ed. London: Arnold, 1994.

Halliday, M. A. K. Towards a Theory of Good Translation [M]//E. Steiner and C. Yallop. (eds.) *Exploring Translation and Multilingual Text Production: Beyond Content*. Berlin: Mouton, 2001: 13 – 18.

Halliday, M. A. K. New Ways of Meaning: The Challenge to Applied Linguistics [J]. *Journal of Applied Linguistics*, 1990(6): 7 – 16. Reprinted in M. A. K. Halliday & J. J. Webster. (eds.) *On Language and Linguistics* (Volume 3) [M]. London: Continnum, 2003.

Halliday, M. A. K. Putting Linguistic Theory to Work [M]//J. Webster. (ed.) *Halliday in the 21st Century*. London: Bloomsbury, 2010/2013: 127 – 141.

Halliday, M. A. K. Pinpointing the Choice: Meaning and Search for

Equivalents in a Translated Text [M]// J. Webster. (ed.) *Halliday in the 21st Century*. London: Bloomsbury, 2012/2013: 143-154.

Halliday, M. A. K. & Matthiessen C. M. *Halliday's Introduction to Functional Grammar*[M]. London & New York: Routledge, 2014.

Hansen-Schirra, S., Neumann, S. & Steiner, E. *Cross-linguistic Corpora for the Study of Translations: Insights from the Language Pair English-German*[C]. Munchen: Mouton de Gruyter, 2012.

Hatim, B. & Mason, I. *Discourse and the Translator*[M]. London & New York: Routledge, 1990.

Haugen, E. The Ecology of Language[M]// A. Fill & P. Mùhlhäusler (eds.). *The Ecolinguistics Reader: Language, Ecology and Environment*. London & New York: Continuum, 1972/2001.

House, J. *Translation Quality Assessment: A Model Revisited*[M]. Gunter Narr Verlag, 1997.

Huang, G. Searching for Metafuncational Equivalence in Translated Text [M]// J. Webster & X. Peng. (eds.) *Applying Systemic Functional Linguistics: The State of Art in China Today*. London & New York: Bloomsbury, 2016: 285-306.

Huang, X. Transitivity in English-Chinese Literary Translation: The Case of James Joyce's "Two Gallants"[J]. *Babel*, 2013, 59(1): 93-109.

Jakobsen, A. L. Tracking Translators' Keytrokes and Eye Movements with Translog [M]// C. Alvstad, A. Hild & E. Tiselius. (eds.) *Methods and Strategies of Process Research*. Amsterdam & Philadelphia: John Benjamins, 2011: 37-55.

Kim, M. & Huang, Z. Theme Choice in Translation and Target Readers' Reactions to Different Theme Choices[J]. *T&I Review*, 2012(2): 79-112.

Mason, I. Text Parameters in Translation: Transitivity and Institutional Cultures[M]//L. Venuti. (ed.) *The Translation Studies Reader*. London & New York: Routledge, 2012: 399 – 410.

Matthiessen, C. M. The Environments of Translation[M]// E. Steiner & C. Yallop. (eds.) *Exploring Translation and Multilingual Text Production: Beyond Content*. Berlin: Walter de Gruyter, 2001: 41 – 124.

Matthiessen C. M. Appliable Discourse Analysis[M].// F. Yan & J. Webster. (eds.) *Developing Systemic Functional Linguistics: Theory and Application*. London: Equinox, 2014: 135 – 205.

Munday, J. A Computer-Assisted Approach to the Analysis of Translation Shifts [J]. *Meta: journal des traducteurs/Meta: Translators' Journal*, 1998, 43(4): 542 – 556.

Munday, J. A Model of Appraisal: Spanish Interpretations of President Trump's Inaugural Address 2017 [J]. *Perspectives: Studies in Translation Theory and Practice*, 2018, 26(2): 180 – 195.

Steiner, E. Halliday and Translation Theory-Enhancing the Options, Broadening the Range, and Keeping the Ground [M]// R. Hasan, C. Matthiessen & J. Webster. (eds.) *Continuing Discourse on Language: A Funcational Perspective*(Vol. 1) [M]. London: Equinox, 2005: 481 – 500.

Teruya, K. Grammar as a Resource for the Construction of Language Logic for Advanced Language Learning in Japanese[J]. *Advanced Language Learning: The Contribution of Halliday and Vygotsky*, 2006: 109 – 133.

Wang, B. & Ma, Y. *Systemic Functional Translation Studies: Theoretical Insights and New Directions*[M]. Sheffield: Equinox, 2021.

Yu, H. & Wu, C. Recreating the Image of Chan Master Huineng: The

Role of Mood and Modality[J]. *Functional Linguistics*, 2016, 3 (4): 1-21.

曹进, 杨明托. 基于及物性系统的网络新闻生态话语分析[J]. 西北师范大学学报(社会科学版), 2022, 59 (2): 136-144.

范俊军. 生态语言学研究述评[J]. 外语教学与研究, 2005 (2): 110-115.

韩军. 中国生态语言学研究综述[J]. 语言教学与研究, 2013 (4): 107-112.

何伟, 耿芳. 英汉环境保护公益广告话语之生态性对比分析[J]. 外语电化教学, 2018 (4): 57-63.

何伟, 马子杰. 生态语言学视角下的评价系统[J]. 外国语(上海外国语大学学报), 2020, 43 (1): 48-58.

何伟, 魏榕. 国际生态话语之及物性分析模式构建[J]. 现代外语, 2017, 40 (5): 597-607, 729.

何伟, 张瑞杰. 生态话语分析模式构建[J]. 中国外语, 2017, 14 (5): 56-64.

何小敏, 王晓燕. 评价视角下新闻报道的生态话语分析——以《卫报》美国空袭叙利亚专题为例[J]. 牡丹江大学学报, 2018, 27 (11): 89-93.

胡壮麟, 朱永生, 张德禄, 等. 系统功能语言学概论[M]. 北京: 北京大学出版社, 2005.

黄国文. 《清明》一诗英译文的人际功能探讨[J]. 外语教学, 2002 (3): 34-38.

黄国文. 翻译研究的功能语言学途径[J]. 中国翻译, 2004 (5): 17-21.

黄国文. 生态语言学的兴起与发展[J]. 中国外语, 2016 (1): 1, 9-12.

黄国文. 从系统功能语言学到生态语言学[J]. 外语教学, 2017

(5): 1-7.

黄国文, 陈旸. 翻译研究中的"元功能对等" [J]. 中国外语, 2014, 11 (2): 97-102.

黄国文, 陈旸. 作为新兴学科的生态语言学 [J]. 中国外语, 2017, 14 (5): 38-46.

刘明. 及物分析、作格分析及其在批评话语分析中的应用 [J]. 外国语 (上海外国语大学学报), 2016, 39 (5): 66-74.

牛桂玲, 袁开开. 基于CiteSpace的国内生态语言学研究的可视化分析 [J]. 湖北科技学院学报, 2019, 39 (6): 100-107.

潘杰, 原苏荣. 系统功能语言学视域下《归去来兮辞》生态话语分析 [J]. 北京科技大学学报 (社会科学版), 2022, 38 (2): 185-192.

司显柱. 翻译质量评估模式再研究 [J]. 外语学刊, 2016 (3): 84-94.

辛志英, 黄国文. 系统功能语言学与生态话语分析 [J]. 外语教学, 2013, 34 (3): 7-10, 31.

杨星星, 刘景霞. 人际意义视角下的生态话语分析——以英文短片"Nature Is Speaking"为例[J]. 今古文创, 2020 (33): 87-88.

杨阳. 系统功能视角下新闻报道的生态话语分析 [J]. 北京第二外国语学院学报, 2018, 40 (1): 33-45.

于晖, 王丽萍. 生态话语及物性分析模式探究——以教育语篇为例 [J]. 外语与外语教学, 2020 (6): 43-54, 120, 148.

张兰. 生态语言学的研究现状及发展趋势——基于CiteSpace的可视化分析 [J]. 鄱阳湖学刊, 2021 (5): 88-98, 127-128.

张美芳. 翻译研究的功能途径 [M]. 上海: 上海外语教育出版社, 2005.

张瑞杰, 何伟. 生态语言学视角下的人际意义系统 [J]. 外语与外语教学, 2018 (2): 99-108, 150.

赵蕊华，黄国文. 汉语生态和谐化构建的系统功能语言学分析[J]. 外语研究, 2019, 36 (4): 44-49, 108.

A Comparative Analysis of the Ecological Discourse by Chinese and American Leaders—an Ecolinguistic Perspective

Xie Guixia　Wei Qian　Xia Fengqi　Ma Yuntian
Liang Yingwen　Ou Juanling

Abstract: Grounded in the Transitivity system and ergative model of Systemic Functional Grammar, this paper provides a description and comparison of the speeches delivered by Xi Jinping and Joe Biden at the 2021 World Leaders Climate Summit. It then offers an interpretation of the described data from an ecolinguistic perspective, aiming to unveil the ecological discourse of China and the United States embodied in the speeches by their respective leaders. Drawing upon the insights gleaned from these ecological discourse analysis, the paper also attempts to provide an assessment of the existing English translation of Xi Jinping's speech.

Key words: ecolinguistics, transitivity system, egative model, leaders' speeches

韩礼德的功能—层次矩阵理论与翻译分类分级建构

李发根[*]

摘要：作为适用语言学的系统功能语言学的研究已经取得了可喜的成绩，对应于适用翻译的研究也有了一定的进展。本研究主要分为三个部分：①韩礼德的功能—层次矩阵理论对翻译分类分级的启示；②翻译分类建构；③翻译分级建构。通过分析、论证和建构，本研究达到三个目的：①更有利于推进系统功能语言学对翻译适用的研究；②更加证实不同的文本具有不同的性质和特征，不同的文本对翻译具有不同的要求，其翻译标准、方法和技巧也有所不同；③以文本子目为翻译的基本单位，建构"门类"级、"类型"级、"子目"级三位一体的类别翻译框架，体现翻译的科学性和可操作性。

关键词：功能—层次矩阵理论　翻译分类　翻译分级

1. 引言

科芬（Coffin，2001：94）指出，"系统功能语言学是一种语

---

[*] 李发根，博士，南昌师范学院外国语学院教授。研究方向：功能语言学、话语分析、翻译。

言学理论,韩礼德发展系统功能语言学的主要目的之一就是创建一种能解决语言学的潜在'消费者'所面对的一系列问题的理论"。系统功能语言学的创始人韩礼德(Halliday, 2006a, 2006b)一直把系统功能语言学作为适用语言学,认为语言学应该是适用的,语言学理论是解决问题的一种办法。功能语言学适用于解决我们日常生活、教育、文化、卫生、安全与语言相关等诸多领域相关的问题,解决翻译问题也是如此。韩礼德的功能—层次矩阵理论对翻译分类分级、实践运用具有重大价值。

2. 韩礼德的功能—层次矩阵理论对翻译的启示

早在1961年,韩礼德就创建了"级阶与范畴"系统理论,其阶(scale)包含了级阶(rank)(小句→词组/短语→词→词素)、说明阶(exponence)和精密阶(dalicacy)三个部分;范畴(category)包含了单位(unit)、结构(structure)、类(class)和系统(system)(Halliday, 1961)。此后,级阶和范畴理论发展成为系统功能理论。Halliday (1966b)论述,"系统网络"把"聚合轴"看作组织的主要形式,Halliday (1967/1968)把元功能作为组织的内在原则。到了2004年,韩礼德和麦蒂森出版了《功能语法概论》(*An Introduction to Functional Grammar*)。书中分别描述了"词汇语法层次功能级阶矩阵"和"功能层次化矩阵"。在"词汇语法层次功能级阶矩阵"中,横向层次分为级阶、类、逻辑功能、经验功能、人际功能和语篇功能;纵向层次分为词汇语法和音系;其每一层次又分别阐述了级阶矩阵,如级阶层矩阵为小句、信息单位、词组/短语、词和词素,类层矩阵为名词类、动词类、副词类和介词短语,等等(详见 Halliday & Matthiessen, 2004:63)。在功能层次化矩阵中,横向层次分为概念功能、人际功能和语篇功能,纵向层次分为语境、语义学、词汇语法和音系层,其中每一层又细化为次层(参见黄国文、陈瑜敏，2016：119）。如语境分为语场、语旨和语式，语场包括社会符号过程，语旨又分为机构角色、权势、接触和情感，语式又分为劳动分工、关系方式、媒介和渠道等等。胡壮麟等（2005：15-16）在谈到韩礼德层次的思想时指出，"在当代语言学的两大思潮中，语言是多层次的系统还是单层次的系统是众多分歧中的一个重要标志。韩礼德和系统功能语言学归属语言系统多层次的一方"。韩礼德的层次的思想主要包括以下三大内容：①语言是多层次的，至少包括语义层、词汇语法层和音系层；②各层次之间存在着体现关系；③由于多层次之间的体现关系，又可以把语言看作一个多重代码系统，即意义代码于措辞，措辞代码于语音。由此可见，语言是有层次的，而且存在着等级关系。英国著名的语言学家和翻译理论家卡特福德（Catford，1965：20）对翻译做出以下定义："用一种等值的语言（译语）的文本材料去替换另一种语言的文本材料。"（参见廖七一，2002：100）韩礼德的"级阶和范畴"系统理论和功能—层次矩阵理论对翻译有着十分重大意义。韩礼德的这两大理论给我们的启示是：翻译不仅应该分类，而且应该分级，因为不同的文本对翻译具有不同的要求，就是同类的文本不同的层次对翻译也具有不同程度的要求，其翻译标准、方法和技巧也有所不同。系统功能语言学理论不仅适用于翻译的研究，而且具有实用性和可操作性。

3. 文本翻译分类建构

3.1 分类简述

分类是人们认识事物的主要途径之一。从原始形式的逻辑关系分类到当代社会科学、自然科学和人文科学的学科分类，从古代的知识分类到当代的知识分类，都充分彰显了人类对事物认识的进步和发展。

程郁缀在《唐诗宋词》（2003：36-37）中指出："'类'，本义是指许多相同或相似的事物的综合。《易·乾》曰：'本乎天者亲上，本乎地者亲下，则各从类也。'而分类，则是指按事物的性质划分类别。""类"属于科学的范畴，含有对事物进行分析、排比、归纳、综合等意义；"分类"则是更进一步对客观事物进行科学的研究，因为分门别类必须有一个前提，这个前提就是首先确定分类的标准，而这个分类的标准必须统一，也就是说，标准只能有一个；标准不同，分类研究成果也各不相同。

南宋文献学家郑樵创建了古典文献中的"类例"理论。"类例"就是典籍的总体分类原则和具体分类的方法，就"类例"的属性来说，"类例"中的"类"主要是指典籍所属知识或学科类型，"例"是指典籍分类的条例准则（参见戴建业，2019）。郑樵创立了三级类目体系，即"类""家"和"种"——大类之中再分小类，小类之中又细分为子目。他将古今图书分为十二类、百家、四百二十二种。

在当代，《中华人民共和国国家标准学科分类与代码》对学术知识体系有着清楚的阐释。国家对社会科学、自然科学、人文科学进行了清晰精确的分类。2022年，我国将社会科学学科划分为23个学科，250个次类；将自然科学学科划分为3大板块，9个科学部，129个科学处；将人文社会科学学科分类为25个大类。这些分类为文本知识翻译分类指明了方向。

3.2 文本翻译分类建构

翻译分类的研究与社会劳动、日常生活、管理、科学技术等诸多领域的分类研究截然不同，因为多年来翻译家和理论家试图建立一个唯一正确、绝对实用的翻译标准（参见龚芬，2011：77）。在国外翻译界，雅各布森（Jakobson，1956/1966）根据涉及符号的不同，把翻译分为三类：语内翻译（intralingual translation）、语际翻译（interlingual translation）和符际翻译（intersemiotic translation）。纽马克（Newmark，1981）提出，应针对不同的文本类型采用不同的翻译方法——语义翻译或交际翻译。根据不同的内容和文体，纽马克将文本功能分为表达功能、信息功能和呼唤功能（参见廖七一，2002：131）。赖斯（Reiss，1971）在《翻译批评：潜力与制约》（*Translation Criticism: The Potentials and Limitation*）中将语言的功能总结为三类：描述、表情和诉请。她依据文本中主导的语言功能的不同将文本划分为三类：以内容为主的文本、以形式为主的文本和以诉情为重的文本。她主张翻译以内容为主的文本最重要的就是将文本蕴含的信息毫无遗漏地转接到目标语中去，译者应遵守忠诚原则；以形式为重的文本强调的是作者的表达方法，译者也应该忠诚，做到形式对等；以诉情为重的文本旨在刺激读者做出特定的行为，译者应致力于表达语言效力的对等，保留源语的诉情目的。雅克布森、纽马克、赖斯对翻译的分类的研究发挥了重要作用。

在国内翻译界，方梦之在《文类细化于翻译培训、翻译策略》（2007）中认为，"分类是人类认识事物的主要途径之一。应用翻译文本类型研究是一项基础性、普遍性研究，也是区别于文学翻译的重要领域"。杨枫的《知识翻译学的翻译定义与分类》（2022）反响很大。辜正坤在1987年举行的全国首届翻译理论研讨会上提出了"翻译标准多元互补论"，在翻译界引起了强烈反响。他认为，翻译标准可分为抽象标准和具体标准两大类。这两大标准构成一个互相制约和补充的有机系统，构成了一个全新的辩证的思维模式。事实上，"在翻译不同文本的时候，翻译标准也应当有所不同。这是一种科学的态度和方法"（参见龚芬，2011：77）。

本研究遵循"学术分科、知识分类"的总体原则，以语言本体为视角，以文本的性质和特征为准绳，将翻译分类划分为四大类，如图1所示。

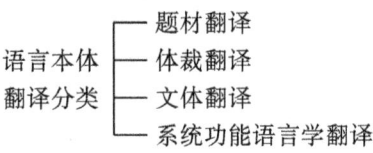

图1 语言本体翻译分类

题材翻译可分为三大类：专业文献翻译（translation for science and technology）、文学翻译（literary translation）和应用文体翻译（practical writing translation）。专业文献翻译的标准为正确、准确和精确，文学翻译的标准为音美、形美和意美，而应用文体翻译的标准为忠诚、通顺和价值。

体裁翻译可分为两大类：文章的体裁和文学的体裁。文章体裁又可分为记叙文、说明文、议论文和应用文，文学的体裁可分为散文、戏剧、小说、诗歌、对联、传记、歌曲（参见陈刚，2015）。文章体裁的翻译标准为忠实、通顺；文学的翻译标准为音美、形美和意美。

文体翻译的种类颇多，主要有应用文体、新闻报刊文体、科技文体、文学文体、论述文体、描述及叙述文体、公文文体，等等；其翻译标准是风貌与风格，即译文应适应原文文体风貌，译文应适应作家个人风格（参见刘宓庆，1998）。

与赖斯的描述、表情和诉情功能及纽马克的表达、信息、呼唤功能不同，韩礼德系统功能语言学中的功能属于元功能（纯理功能），实际上是意义潜势。它既对翻译具有系统性和指导性，也可以用于翻译的具体操作，其翻译标准是功能等效。依据韩礼德的功能—层次矩阵理论，可运用于翻译的功能有逻辑和经验的概念功能（及物性、语态、并列主从相互依存、逻辑语义关系)、人际功能（言语角色、言语功能、命题和提议、情态、基调、评价等)、语篇功能（主位、信息结构、衔接等)，此外，系统功能语言学可用于翻译的理论还有语境（语场、语旨、语式)、语义学（经验范畴、价值)、词汇语法（逻辑语义及物性、语气、主位、信息、衔接连贯等)、音系（语调群、语调序列等)。从功能类到音系类，每一层次都可细化到次类、子目，其中语境和人际功能运用于翻译尤其具有实践操作性和说服力。

4. 文本翻译分级建构

4.1 文本同质分级的意义

文本翻译不仅要分类，还应该分级。分级一般指的是按照程度、质量、水平、地位等的不同而划出的等级。文本翻译分级指的是在文本分类的同质的基础上，依据文本的相同特征或相似的程度进行划分。对于文本翻译分级的好处或意义，我们可以大致归纳为以下三点：

第一，从巴赫金（Bakhtin，1986，1993)、韩礼德（Halliday，1978，1985)、韩礼德和麦蒂森（Halliday & Matthiessen，2004)、哈桑（Hasan，1978)、马丁（Martin，1992)、艾金斯（Eggins，1994)、温多拉（Ventola，1995)、威斯尔斯（Swales，1990)、巴迪亚（Bhatia，1993）等对语类的论证，我们可以得出结论，语类的划分可粗可细，里面有一个精密度的问题。语类的规律性并不意味着语类是一成不变的。相反，由于文化的因素和语篇本身的变化，属于同一语类的语篇之间仍然存在某些细微的差别（见胡壮麟等，2005：287)。因此，文本分级翻译有助于体现不同层次的文本对翻译的不同要求，译者应相应精准地选择其文本翻译的标准、方法和技巧。

第二，有助于译者更深入地理解文本翻译分类中的大类的性质、小类的特征和子目的属性特点，从而有效、高质量地进行翻译，让读者领悟到原文的风貌，享受源语的文化。

第三，翻译分类分级推翻了多年来翻译家和理论家们试图建立一个唯一正确、绝对实用的翻译标准的设想，构建了一个多元互补的、全新的、辩证的翻译标准思维模式。

4.2 同质文本如何分级

异质分类，同质分级，是一种科学态度。文本同质分级可划分为三级：门类、类型和子目。门类指的是依照事物的特性把相同的或相似的集中在一起而合成的类。类型指的是具有共同特征的事物所形成的种类。子目指的是细目，是类型底下又分列出的若干细目。陆丙甫、金立鑫（2005：8）指出，"所谓'类型'，其本身已经隐含了'个性'的意义，因为只有个性之间的差异才可能形成不同的类型，并且不同类型之间也同样存在个性"。沈家煊（2000：F22）指出，"范畴是由一束通常聚集在一起的特点（a cluster of features）组成的。范畴的边界是模糊的。范畴内部成员地位是不均等的，有的是范畴的典型成员，其他是程度不等的非典型成员"。金立鑫（2019：2）指出，"分类的标准根据研究的需要来设定，该标准要求对内具有一致性（即同一类别中的成员具有相同的类别中的属性，对外具有排他性；其他类别中的成员不应该具有本类别成员中的类别属性）；其次分类要符合原则：划分子项的总和等于其母项，不能溢出也不能空缺"。由此可见，同一类的文本具有相同的属性，但相似的程度是不等的。门类、类型、子目之间存在着一种蕴含关系，即门类包含类型，类型又包含了子目。如前所说，门类主要是依据文本的性质来划分，类型主要是依据文本的特征来划分，子目主要是依据文本的属性的特点而设定。建构门类、类型、子目三位一体的文本翻译模式能有效地形成文本翻译的标准。大类门类的性质和小类类型的特征构成文本翻译的抽象标准，子目的各项分别产生文本翻译的具体标准。具体标准具有多样化，应该根据文本本身属性的特点而设定，总体上与抽象标准相符，归属于同一范畴。这种门类、类型、子目三级文本翻译模式适用于所有种类的文本翻译，可以解决不同的文本对翻译具有不同要求的问题，还可以解决同类文本具有不同的相似程度的翻译问题，以便较精确地进行语言转换，从而传播思想、文化。我们不妨以系统功能学为指导，以表格的方式说明门类、类型、子目三级类别分级翻译的可行性和实用性，如表 1 所示。

表 1　系统功能语言学视域下的三级类别分级翻译

三级类别	系统功能语言学				翻译标准
门类（大类）	系统功能语言学与翻译				抽象翻译标准：功能等效
类型（小类）	经验功能	逻辑功能	人际功能	语篇功能	
子目（细目）	及物性、语态、环境成分、受益范围、概念隐喻	相互依赖；并列、主从；逻辑语义关系：扩展、投射	言语角色；言语功能、语气、情态、评价、情态人际隐喻	主位结构、信息结构、衔接、复句语域、语类、语篇隐喻	具体标准：各子目功能等效

子目级的翻译是三级类别翻译的基本单位，各子目级的相似

程度远高于门类级类别和类型级类别，甚至是达到了相同的程度，比较容易确定具体翻译标准，从而更有效地从属于大类"门类"和小类"类型"的抽象翻译标准，实现功能翻译等效。

5. 结束语

系统功能语言学不仅是普通语言学，而且是适用语言学，它创建了一种解决语言学的潜在"消费者"所面对的一系列问题的理论。韩礼德的功能—层次矩阵理论对翻译分类和翻译分级充分彰显了启迪作用，说明系统功能语言学适用于翻译，并且具有实用性和可操作性。

不同的文本对翻译具有不同的要求，其翻译的标准、方法和技巧也不尽相同。翻译分类分级理论推翻了多年来翻译家和理论家试图建立一个唯一正确、绝对实用的翻译标准的设想，为各种不同文本类型的翻译建构其翻译标准、方法和技巧。

"门类、类型、子目"三位一体分级翻译模式把同类文本按相似程度的不同进行分级。门类为大类，类型为小类，子目为细目。细目是三个级别的基本单位，具有文本属性的特点，可建构为翻译的具体标准；大类"门类"的性质和小类"类型"的特征可共同建构为翻译的抽象标准。

《中华人民共和国国家标准学科分类与代码》对学术知识体系有清楚的阐释。2022年国家对社会科学和自然科学的学科划分为我们建立分类分级翻译指明了方向、奠定了基础。

参考文献

Bakhtin, M. M. The Problem of Speech Genres[M] // M. M. Bakhtin. *Speech Genres and Other Late Essays* (trans. by V. McGee). Austin: University of Texas Press, 1986.

Bhatia, V. K. *Analysing Genre: Language Use in Professional Setting*

[M]. London & NY: Longman, 1993.

Coffin, C. Theoretical Approaches to Written Language—A TESOL perspective [M]//A. Burns & C. Coffin. (eds.) *Analysing English in a Global Context*. London: Routledge, 2001.

Catford, J. C. *A Linguistic Theory of Translation* [M]. London: Oxford University Press, 1965.

Eggins, S. *An Introduction in Systemic Functional Linguistics* [M]. London: Pinter, 1994.

Halliday, M. A. K. Categories of Theory of Grammar[J]. *Word*, 1961, 17(3): 241 - 292.

Halliday, M. A. K. Lexis as a Linguistic Level[M]// B. Charles, et al. (ed.) *In Memory of J. R. Firth*. London: Longman, 1966: 148 - 162.

Halliday, M. A. K. Notes on Transtivity and Theme in English 1 - 3 [M]//J. J. Webster (ed.) Collected Works of M. A. K. Halliday: Vol. 7, Studies in English Language. London & New York: Continuum, 2005.

Halliday, M. A. K. *Language as Social Semiotics: The Social Interpretation of Language and Meaning* [M]. London: Edward Arnold, 1978.

Halliday, M. A. K. Context of Situation[M]// M. A. K. Halliday & R. Hasan. *Language, Context, and Text: Aspects of Language in a Social-Semiotic Perspectire*. Geelong Australia: Deakin University, 1985.

Halliday, M. A. K. *Working with Meaning: Towards an Appliable Linguisties* [C]. 2006a. (Inangural lecture to mark the official launch of the Halliday Centre for Intelligent Applications of Language Studies at City University of Hong Kong on 26

March, 2006).

Halliday, M. A. K. Some Theoretical Considerations Analysing the Teaching of English in China [J]. *The Journal of English Studies*, 2006(4): 7-20.

Halliday, M. A. K & Mathiessen, C. M. I. M. *An Introduction to Functional Grammar* [M]. London: Hodder Arnold, 2004.

Hasan, R. Text in the Systemic-Functional Model[M]// W. Dressler. (ed.) *Current Trends in Text Linguistics*. Berlin: Walter de Gruyter, 1978: 228-246.

Martin, J. R. *English Text: System and Structure* [M]. Armsterdam and Philadelphia: Benjamins, 1992.

Newmark, P. *Approaches to Translation* [M]. Oxford: Pergamon Press, 1981.

Jakobson, R. 1959/1966. On Linguistics Aspects of Translation [M]// in Reuben A. Brower. (ed.) *On Translation*. Cambridge: Harvard University Press, 1959.

Reiss, K. *The Potentials and Limitations* [M]. Shanghai: Shanghai Foreign Language Education Press, 2004.

Swales, L. *Genre Analysis: English in Academic and Research Settings* [M]. Cambridge: Cambrige Uriwersity Press, 1990.

Ventola, E. Generic and Register Qualities of Text and Their Realization[M]// P. Fries, & M. Gregory, (eds.) *Discourse in Society —Systemic Functional Perspective*. Ablex Publishing Coporation, 1995.

陈刚. 文学多体裁翻译 [M]. 杭州: 浙江大学出版社, 2015.

程郁缀. 唐诗宋词 [M]. 北京: 北京大学出版社, 2003.

戴建业. 论中国古代的知识分类与典籍分类 [M]. 上海: 上海文艺出版社, 2019.

方梦之. 文类细化之于翻译培训、翻译策略——拓展应用翻译研究的领域（之二）[J]. 上海翻译, 2017（3）：3–8.

龚芬. 翻译引论 [M]. 北京：高等教育出版社, 2011.

胡壮麟, 等. 系统功能语言学概论 [M]. 北京：北京大学出版社, 2005.

黄国文, 陈瑜敏. 系统功能核心术语 [M]. 北京：外语教学与研究出版社, 2016.

金立鑫. 什么是类型语言学 [M]. 上海：上海外语教育出版社, 2019.

廖七一. 当代西方翻译理论探索 [M]. 南京：译林出版社, 2002.

刘宓庆. 文体与翻译 [M]. 北京：中国对外出版公司, 1998.

陆丙甫, 金立鑫. 语言学类型教程 [M]. 北京：北京大学出版社, 2015.

沈家煊. 导读 [M] //Wiliam Croft. *Typology and Universals*. 北京：外语教学与研究出版社, 2000.

杨枫. 知识翻译学的翻译定义与分类 [J]. 当代外语研究, 2022（1）：1–2.

Halliday's Functional-stratification Matrix Theory and Construction of Translation Classification and Grading

Li Fagen

Abstract：The studies of functional linguistics as appliable linguistics have made great achievements and the study of its application to translation has also developed. This study is divided into three parts: i. the revelation of Halliday's Function-stratification matrix theory towards translating classification and grading; ii. construction of translation classification; and iii. construction of translation grading. Through anlysis, argument and construction, the study expects to arrive at three objectives: first, to be beneficial to carry forward the study of functional linguistics as appliable linguistics; second, to further confirm that different texts have different requirements for translation and their translation criterion, methods and skills are also different; and third, taking "subtitle" as translation basic unit, to construct a translation framework of "trinity" of category, type and subtitle so as to realize translation scientificity and operability.

Key words: functional-stratification matrix theory, translation classification, translation grading

再示例化理论视域下之 "夸父逐日" 写译研究*

李忠华　卢　健**

摘要：神话故事"夸父逐日"流传至今，历时悠久，其故事版本不一而足，其译本亦然。本研究尝试从系统功能语言学再示例化理论视角描写、分析"夸父逐日"这一神话故事及其不同译本，探究其原始版本故事之意义在译本中之再示例化。

关键词：再示例化　夸父逐日　耦合　投入

1. 引言

翻译，其实践源远流长，其研究汗牛充栋。琳琅满目的翻译研究彰显了多样的研究视野和不同的理论背景。作为适用语言学的系统功能语言学，在为翻译描写提供新视角、新维度的同时，亦为翻译阐释提供了适用的理论框架。系统功能主义者认为，翻译是"意义创造活动"（Halliday，1992：15；Matthiessen，

---

* 本文为东莞理工学院 2020 年校级质量工程课程类建设项目"语言学导论（英语）"（项目编号：202002051）阶段性研究成果。

** 李忠华，博士，东莞理工学院文学与传媒学院教授，研究方向：系统功能翻译研究。卢健，博士，华中农业大学外国语学院副教授，研究方向：功能语言学、生态语言学。

2001），是语言描写的一个重要维度。功能路径的翻译研究者从语境、系统、元功能、隐喻、评价等多维视角描写和阐释翻译现象，在证明系统功能语言学之适用性的同时，亦展示了功能路径翻译研究之勃勃生机。

综观功能路径翻译研究文献，研究者主要关注语言系统层次的实现化关系，而对于与之互补的示例化关系和个体化关系则研究不足。虽然近年来研究者开始尝试从示例化视角阐释翻译、翻译过程、译者主观性及译作多样性等问题（Souza，2013；杨忠，2015，2017；Chang，2018；马云霞，2016；陈树坤、黄中习，2019；赵晶，2020），然而基于示例化理论之翻译研究屈指可数，且研究者多关注语际翻译，而语内翻译则较少有人涉足。

"夸父逐日"这一神话故事广为流传，其现存的早期版本皆由古汉语记载，其叙述具有纲要式、简洁性和碎片化等特征，而其现代汉语写译本在叙述上呈现出具象性、细腻性、整体性特征。本研究尝试从系统功能语言学中再示例化理论视角分析其在流传过程中之不同传译，探究其演绎进程中意义之变异。

2. 理论依据

理论框架常融合一组或多组分析层次。如上文所述，基于系统功能语言学的再示例化理论为翻译描写、阐释提供了一个整体的综合性研究框架，其所依据的理论涵盖系统功能语言学之方方面面，现就其中与本研究相关主要理论简要阐述如下。

2.1 功能

功能为语言之本质，通过系统以展现语言之组织，语言结构之组织为功能驱动；功能既指语言使用，亦指语言结构内部组织之功能性（黄国文、陈瑜敏，2021：7）。

系统功能语言学认为，语言之本质决定语言所必须实现之功能，即元功能，包括概念功能、人际功能和语篇功能。概念功能表达人们的社会经历与内心之心理体验，同时亦表达事物间之逻辑关系；人际功能表达人们的意见、态度、评价以及其角色关系；而语篇功能则涉及语言使用中的信息组织、内容安排等诸方面。上述诸元功能分别对应于语境之语场、语旨、语式等三变量（Martin & White，2005：27），且皆由语法体现（Halliday，1994：179）。

2.2 评价理论

评价理论为语篇语义层次上的人际意义功能模型，由 Martin 及其同事所创并逐步发展完善（Martin，1992，1997，2000；Martin & Rose，2003；White，2003；Martin & White，2005），它是综合研究评价资源在语篇中的使用的重要的理论框架。

"评价理论关涉评价。评价即语篇中所协商之各种态度、所涉及之情感强度。"（Martin & Rose，2003：23）评价理论重点关注词汇层面之评价功能，由三个子系统构成，包括态度系统（Attitude）、介入系统（Engagement）和级差系统（Graduation）。其中态度系统包括情感（Affect）、判断（Judgment）和鉴赏（Appreciation）等三个子系统；介入系统包括单言（Monogloss）和杂言（Heterogloss）两个子系统；级差包括语力（Force）和聚焦（Focus）两个子系统（Martin，2000）。

2.3 示例化理论

示例化的概念源于 Halliday（1985：196）对 Saussure 的一组对立概念 langue 和 parole 的有关阐释。Saussure 认为语言学应为 langue 之理论，而 Halliday 则认为语言学应二者兼顾，因为"无语篇分析之语言描写贫，不关联语言之语篇分析空"，换言之，langue 和 parole 为同一现象，仅其观察视角不同而已。

系统功能语言学认为，语篇为语言之示例，为语言系统之示例化。Halliday（Halliday，1991，1995，2004，2008；Halliday & Matthiessen，2009）曾多次借用气候与天气以类比系统与语篇之关系：系统如气候，而语篇则如往复的天气变化模式。系统功能主义者认为，"系统概念之效用因其示例化为语篇，示例一则维持潜势之生机、强化潜势，同时亦挑战潜势、改变潜势"（Halliday & Matthiessen，2009：80）。

Halliday（1995：248）将示例化描述为"渐变阶，为观察者视角变化之模化：所谓'系统'即远观之语言，即意义潜势；所谓'语篇'则为近察之语言，为源于该意义潜势之示例"。系统和语篇分别处在同一个示例化渐变群的两端，它们通过"示例化"连接起来；语篇是语言系统的示例化，而语篇中的频率是系统或然率的示例化。该渐变阶从意义潜势延伸至示例，而次级潜势——示例类型则位列其间，融语言、语篇与语境于语言交际。从示例端视之，则可凭语篇观察、抽样和借助语境对其加以分析并概括为语篇类型；从系统端视之，则可将其阐释为语域或特定语境下之功能变体。

Martin认同Halliday关于示例化之概念阐释，然而关于示例化模型，二者观点并不一致。Martin（1992：94）认为，语境应划分为语篇体裁（genre）与语域（register）两个不同的层次，因二者所考察视角有异——前者为文化视角，而后者为语言视角。Martin关于语境之观点亦体现于其示例化阶之理论阐释：首先，在该示例化模型中，语篇体裁位于系统之下，与语域并列，因为"语篇体裁虽包括整个系统所有次级意义潜势"，"且为最抽象意义层级"，"然就概括性而论，仍不及系统"，略逊系统一筹，故以第二层级置于系统之下（Martin，2006：285）；其次，在该示例化模型中，语篇体裁、语域、语篇类型处于不同之概括层级；最后，该示例化模型并非以语篇为其另一终端，而在语篇之外增设解读（reading）为其终端，因为语篇自身蕴涵之意义潜势足以让读者依各自社会主体性而加以不同解读，故"解读"应为示例化阶之终结（Martin & White, 2005：25）。故而，"该示例化阶由系统至语篇体裁及语域次级意义潜势，延伸至语篇及语篇之概综，即语篇类型，而终结于独立语篇所依之意义'解读'"（Martin, 2006：486）。

Martin（2006：295）认为，示例化更适合于探究语篇之产生，包括对某一语篇之不同解读，如引用、释义、重述、启示以及位列示例化阶更高层级之更一般系统关系（Martin, 2006：295）。Martin（2008, 2010）之研究表明示例化理论可用以探究同一语篇之不同解读方式，并认为意义耦合（coupling）和意义投入（commitment）为阐释示例化之关键要素。意义耦合，意指"意义联合的方式，以并联、三联、四联或任何数量以联合系统网络中之选项"（Martin, 2008：39），包括不同语言层级、纯理功能、级阶、系统和模态内部及之间之元素的联合；投入为"某一示例化过程所激活之意义潜势之数量"，即"语篇之相对语义重力"（Martin, 2008：45），或"语篇所示例化语义之具化程度"（Martin, 2010：20）；"它既关联于所选各系统意义之投入程度，亦关联于系统内部的精细化程度"（Martin, 2008：45）。

根据 Martin 的研究，"示例化之应用领域广泛"，且"与翻译与口译实践尤其相关"（Martin, 2008）。翻译研究的再示例化视角将语境、系统、功能、译者主观能动性，以及翻译的宏观、微观阐释等翻译所涉之要素几乎全部纳入考察，为翻译描写和阐释提供了一个整体的综合性研究框架。Chang（2017）从理论上将翻译阐释为源语语篇意义潜势之再示例化过程，并以《傲慢与偏见》英语原文及其中文全译本、英汉双语本与中文导读本等为语料，分析和阐释了作为意义潜势的英语原文与其他版本在意义耦合和投入方面之差异，论证了该理论于翻译研究之适用性。由此可见，示例化不仅适用于分析同一语言内部之再示例化现象，亦适用于语际间之再示例化现象研究。

本研究视翻译为再示例化过程，换言之，视源语语篇为足以让译者依其社会主体性而施以不同解读之意义潜势，而视不同译本为译者对该语篇之不同解读。再示例化过程包括上阶（distantiation）和下阶（instantiation）运动，即，上阶以利用意义潜势，下阶则再示例化以为新语篇。本研究将中国古代神话故事中之"夸父逐日"之现存最早版本视为意义潜势，而视其历代不同写译版本为写译者对该意义潜势之不同解读，探究再示例化过程中意义耦合与意义投入方面之变化。

3. 研究语料

"夸父逐日"为我国广为人知的早期神话之一，其最早之两版本可见于《山海经》中之《海外北经》与《大荒北经》，其早期版本之一亦载于《列子·汤问篇》。3篇古汉语语篇成文时间各异：语篇1载于《山海经·海外北经》，"可能作成于春秋战国时代"；语篇2载于《山海经·大荒北经》，"当系汉初人作"；语篇3载于《列子·汤问篇》，"为晋人伪作"（袁珂，2016：7）。可见，语篇1成文时间最早，语篇2次之，语篇3虽成文最晚，然亦去古未远。除了以上3篇古汉语语篇外，本研究还涉及"夸父逐日"神话之现代汉语写译版本6篇［所谓写译，即以原文内容为基础，译者以自己之话语来组织、串联译文，并且加入一定量其他相关内容之翻译（桂乾元，1997）］，其中语篇4、语篇6和语篇8之写译者为袁珂，分别引自袁珂（1991：222，330；2015：160-162），语篇5、语篇7和语篇9之写译者为徐客，分别引自徐客（2016：368-369，497，257-258）。

4. 分析

本部分将基于系统功能语言学再示例化理论视角从以下四方面分析"夸父逐日"之古汉语版本及其现代汉语写译版本之间之语义变异：①语篇意义变异；②意义耦合变异；③意义投入变异；④篇际关系。

4.1 语篇意义变异

本研究所涉及之九个语篇出处不尽相同。由于《山海经》"是以图画为主而以文字为辅的，就不免常有散漫和疏略的缺点"，文字"中间并没有机动的联系"（袁珂，2016：8-9），且其成书历时久远，参与编纂者不一而足，因此，"夸父逐日"神话以不尽相同之记述分别出现于《山海经·海外北经》与《山海经·大荒北经》就不难理解了。即便如此，不难发现，《山海经》一书、书中各经卷及不同经卷中语篇之间所呈现之层级（hierarchies）特征，以及不同经卷之间、经卷中语篇间所呈现之系列（series）特征，只是文字中间缺少有机联系。

3篇古汉语语篇都没有标题，文字简洁，篇幅短小，然而每一语篇都可分解为四个阶段（phase）（见表1）。由于上述各语篇调用的评价意义资源寥寥，其阶段之区分主要借助其中概念意义之变化。语篇1中阶段1至4分别记述了夸父逐日、夸父渴饮、夸父之死、杖化邓林；语篇2中4个阶段分别记述了夸父身世、夸父逐日、夸父渴饮、夸父之死；语篇3中4个阶段则依次记述了夸父逐日、夸父渴饮、夸父之死与杖化邓林。不难发现：语篇1与语篇3在阶段上基本一致，只是详略程度不同；3篇古汉语语篇都记述了夸父逐日、夸父渴饮、夸父之死等3个阶段，然详尽程度亦各异。其不同之处在于，语篇1与语篇3皆记述了杖化邓林这一阶段，而语篇2则没有；语篇2记述了夸父身世，而语篇1和语篇3则没有。

表1　语篇1、语篇2和语篇3的四阶段对比

阶段	语篇1	语篇2	语篇3
1	夸父与日逐走，入日	大荒之中，有山名曰成都载天。有人珥两黄蛇，把两黄蛇，名曰夸父。后土生信，信生夸父	夸父不量力，欲追日影，逐之于隅谷之际
2	渴欲得饮，饮于河、渭，河、渭不足，北饮大泽	夸父不量力，欲追日景，逮之于禺谷	渴，欲得饮，赴饮河、渭。河、渭不足，将走北饮大泽
3	未至，道渴而死	将饮河而不足也，将走大泽	未至，道渴而死
4	弃其杖，化为邓林	未至，死于此	弃其杖，尸膏肉所浸，生邓林。邓林迷光数千里焉

语篇1之语篇格律结构（periodic structure）直接反映在现代汉语语篇4与语篇5中（见表2），而语篇2之语篇格率结构则直接反映在现代汉语语篇6与语篇7中（见表3）。因此，从语篇意义而言，语篇1为语篇4与语篇5之信息结构概要，语篇2为语篇6与语篇7之信息结构概要。

表2　语篇1、语篇4和语篇5的四阶段对比

阶段	语篇1	语篇4	语篇5
1	夸父与日逐走，入日	夸父和太阳竞走，走进太阳炎热的光轮里	有位神人夸父要与太阳赛跑，他一刻不停地追赶，最后终于追上了太阳

(续上表)

阶段	语篇1	语篇4	语篇5
2	渴欲得饮，饮于河、渭，河、渭不足，北饮大泽	口里干渴，想要得到水喝。便去喝黄河和渭水的水，两条河都被他一口气喝干了，还不能解除口渴。他又想去喝北方大泽的水	这时的夸父口渴难忍，想要喝水，于是俯身去喝黄河和渭河中的水，一直把这两条河的水喝干还是不能解渴，又准备向北去喝大泽中的水
3	未至，道渴而死	还没走到，就在半路渴死了	结果还没走到，就渴死在半路上了
4	弃其杖。化为邓林	临死时候，他抛掉手里的杖，立刻变成了邓林——邓林其实就是桃林，就是夸父山北边那一座方圆三百里的桃林	他临死之前所抛掉的拐杖，变成了邓林，邓林就是桃林，而他自己也变成了一座山，在中央第六列山系中就有神人夸父所化的夸父山

表3 语篇2、语篇6和语篇7的四阶段对比

阶段	语篇2	语篇6	语篇7
1	大荒之中,有山名曰成都载天。有人珥两黄蛇,把两黄蛇,名曰夸父。后土生信,信生夸父	大荒当中,有座山叫做成都载天山。有个人耳朵上挂着两条黄蛇,手里握着两条黄蛇,名叫夸父。幽冥世界的统治者后土生了信,信生了夸父	大荒之中,还有座山名叫成都载天山,山上也有一个神人,他的耳上穿挂着两条黄蛇,手上还握着两条黄蛇,其名字就叫夸父。后土生了信,信就是夸父的祖先
2	夸父不量力,欲追日景,逮之于禺谷	夸父不量力,想要去追赶太阳的光影,将它在禺谷的那个地方捉住	而夸父不曾衡量自己的体力,想要追赶上太阳,他一直追到禺谷
3	将饮河而不足也,将走大泽	他追到半途,心烦口渴,想去喝黄河的水,怕不够喝,又想到北方去喝大泽的水	在那里夸父想喝光了黄河的水,却还不解渴,准备跑到北方去喝大泽里的水
4	未至,死于此	还没走到,就渴死在这里了	还没到大泽,便渴死在这里了

较之于上述诸语篇,现代汉语语篇8(见袁珂,2015:160-162)与语篇9(见徐客,2016:257-258)篇幅更长,语言表达更为丰富、细腻,阶段更多,而且二者都调用了大量评价

意义资源。语篇8可以分解为以下8个阶段：幽都王后土，夸父部族，夸父逐日，夸父渴饮，夸父之死，杖化桃林，夸父山传说一，夸父山传说二。较之于语篇8，语篇9更加聚焦于夸父逐日神话之本体，可分解为以下7个阶段：夸父部族，逐日缘由，夸父逐日，夸父渴饮，夸父之死，杖化桃林，泽被后人。就语篇意义而言，语篇8和语篇9融合了其他语篇所涵盖之信息结构，同时，由于两个语篇中各增加了一些阶段，其格律结构更为复杂。

4.2　意义耦合变异

意义耦合为意义组合方式，不同语言层次间、元功能间、级阶乃至意符系统间的不同耦合都会引发意义变异。本研究未将图文版之"夸父逐日"神话纳入考察，不涉及除语言系统之外的其他意符系统。

4.2.1　评价意义之增加

较之于语篇1，其余语篇或多或少皆耦合了更多人际功能意义资源，具体表现为评价意义之增加。

语篇1中之"夸父"在语篇5、语篇8和语篇9中分别被再示例化为"神人夸父""这个勇敢的夸父族人"和"一个执着又傻气的夸父族人"。较之于语篇1，语篇5与语篇8各自增加了1例态度意义资源（判断），而语篇9则增加了2例态度意义资源（判断）。换言之，语篇5、语篇8和语篇9由于评价意义增加而构成了新的意义耦合。

评价意义增加亦表现在语力意义资源方面。例如，语篇1中"化为邓林"在语篇4中再示例化为"立即变成了邓林"，由此增加了1例语力意义资源（强化）而引发了意义耦合变异。

4.2.2　概念意义与人际意义之增加

如表1所示，语篇1与语篇3基本上具有相同步骤，然而后者比前者在夸父逐日、夸父渴饮与杖化桃林三个步骤之记述上更为详尽,而且后者亦增加了一些评价意义资源,如"数千里焉"为所增加之语力意义资源(量化),因而耦合了更多概念意义与人际意义成分。语篇2与语篇3在夸父逐日这一步骤之记述上较语篇1亦更为详尽,因此亦耦合了更多概念意义成分。此外,语篇1与语篇3皆记述了杖化邓林,语篇2则没有;语篇2记述了夸父身世,而语篇1和语篇3则没有。上述步骤的增加以及更为翔实的记述皆导致概念意义、人际意义之增加。例如,语篇2与语篇3中皆有"夸父不量力"一句,而语篇1中则无。该小句为关系过程与评价意义资源(判断)之耦合,为叙事者对夸父之评价。因而较之于语篇1,语篇2和语篇3耦合了更多概念意义与人际意义资源。

此外,3篇古汉语语篇中零星点缀有少量语力(量化)评价意义资源,如语篇1中之"不足""大(泽)",语篇2中之"大(荒)""不足""大(泽)"以及语篇3中之"不足""大(泽)""数千里焉"等。上述各语篇在上述评价资源调用上之差异亦引发意义耦合变异。

较之于3篇古汉语语篇,各现代汉语写译版本虽然在语篇步骤方面不尽相同,然而皆更为详尽、细腻,概念意义与人际意义皆有不同程度的增加,因而亦造成意义耦合变异。例如,较之于3篇古汉语语篇,语篇8中之"他欢喜无尽地举起巨大的臂膀来,要想把这团光明用双手捉住"及语篇9中之"他兴高采烈地举起手来,想把这个巨大的红色火球抱在怀中",皆为再示例化过程中所增加内容,构成新的意义耦合。前者为概念意义与3例评价意义资源[情感、判断与语力(量化)]之耦合,后者为概念意义与2例评价意义资源[情感与语力(量化)]之耦合。再如,语篇9中有这样一段叙述:"他颓然地像一座山似的倒了下来,发出巨大的声响,大地都在抖动。逐渐落下的太阳把最后几缕余晖照在夸父的脸上,夸父感到无比遗憾,长叹一口气后,便把手中拄着的拐杖奋力向北一抛，闭上眼睛永远地长眠了。"此为现代汉语写译版本中译者所增加之内容，在古汉语版本中并不存在。译文中增加了一系列的概念意义资源，并伴之以丰富多样的评价资源，从而构成了新的意义耦合。

4.3 意义投入变异

如 Martin（2008：45）所述，"语义投入与所选用系统之意义占用程度相关，亦与系统内所择选项精密度相关"。下文将从概念意义与人际意义两个方面探讨语义投入在"夸父逐日"不同版本中之变异。

4.3.1 概念意义投入之变异

概念意义投入变异考察维度包括：①某一语篇或多个语篇在所投入具体事件数量之差异；②某一语篇或多语篇中物体与过程之间语义关系具体化程度，如概括、抽象、语法隐喻、词汇隐喻、融合、拆解等（Martin，2008；Hood，2008）。

首先，就语篇所投入具体事件数量而言，如上文所述，由于3篇古汉语语篇在语篇步骤方面不尽相同，其各自所投入具体事件数量亦不尽相同。语篇2以夸父身世这一步骤为开端——"大荒之中，有山名曰成都载天。有人珥两黄蛇，把两黄蛇，名曰夸父。后土生信，信生夸父"，而语篇1和语篇3则未见该步骤，因此就此步骤而言，语篇2所投入语义重力强于语篇1和语篇3。语篇2和语篇3皆有叙事者对夸父之评价——"夸父不量力"，而语篇1中则未见，于此而言，语篇1之语义重力弱于语篇2和语篇3。语篇1和语篇3皆有杖化邓林这一步骤，而语篇2中则未见，且就此步骤所涉及事件之数量而言，语篇3多于语篇1，因此，就此步骤而言，语篇3之语义重力最强，语篇1次之，语篇2最弱。较之于3篇古汉语语篇，6篇现代汉语写译版本所投入具体事件数量各异，因此于语义重力方面亦各不相同。如4.1

节所述，语篇8包含阶段比其他所有语篇多，因此其语义重力最强，语篇9次之。语篇4、语篇5与语篇1具有相同语篇格律结构，所投入具体事件数量大致相同，因此二者所投入语义重力相当。同理，由于语篇6、语篇7与语篇2具有相同语篇格律结构，所投入语义重力亦相当。由于语篇1和语篇2在语义重力投入方面各有侧重，语篇4、语篇5与语篇6、语篇7在语义重力投入上亦然。

其次，各语篇中所涉及物体及过程之间之语义关系具体化程度亦有所不同。3篇古汉语语篇虽然文字简洁，然而其局部之具体化程度亦有差异，其变异如下：①三者对夸父逐日的意图叙述有异。语篇1为"与日逐走"，语篇2与语篇3相同，为"欲追日景（影）"，语篇2与语篇3似乎更为具体。②三者对逐日经过叙述有异。语篇1为"入日"，语篇2为"逮之于禺谷"，语篇3则为"逐之于隅谷之际"，语篇2与语篇3比语篇1更为具体。③三者于"饮河渭"叙述有异。语篇1和语篇3较为接近，语篇1为"饮于河、渭。河、渭不足"，语篇3为"赴饮河、渭，河、渭不足"。语篇1和语篇3比语篇2更为具体。④三者于"将饮"目的地叙述有异。语篇1为"北饮大泽"，语篇2为"将走大泽"，语篇3为"将走北饮大泽"，语篇1与语篇3比语篇2更为具体。⑤三者于夸父之死所述各异。语篇1、语篇3均为"道渴而死"，而语篇2则为"死于此"，语篇1和语篇3较语篇2更为具体。较之于3篇古代汉语版本，6篇现代汉语写译版本激活和使用了更多意义资源，更为细致和详尽，然而它们之间亦存在差异。①语篇4和语篇5在概念意义投入方面差异如下：语篇5在夸父逐日、夸父渴饮这两个步骤中投入意义更多，描写更为细致，投入意义更多；此外，两者在杖化桃林这一步骤中之意义投入各有所长，语篇5对桃林描写更为具体，而语篇6则增加了对夸父山由来之叙述。②语篇6和语篇7在概念意义投入方面差异如下：语篇6在夸父身世、夸父渴饮这两个步骤中叙述更为具体，因而投入意义更多。③语篇8和语篇9为"夸父逐日"现代汉语写译版本；语篇8包含之步骤更多，其幽都王后土、夸父部族、杖化桃林、夸父山传说一、夸父山传说二等步骤比语篇9更为详尽，投入意义资源更多，而语篇9在夸父逐日、夸父渴饮、夸父之死、泽被后人等步骤则更为详细、具体，投入意义资源更多。

4.3.2 人际意义投入之变异

人际意义投入之变异考察维度包括：①不同示例所涉及之态度意义、语力明晰化程度；②不同示例之语义韵（Prosody）模式变化；③不同示例所涉及杂言之延展度（Hood，2008）。

首先，就不同示例所涉及之态度意义、语力明晰化程度而言，较之于其现代汉语写译版本，由于3篇古汉语语篇在叙事上具有纲要式、简洁性和碎片化等特征，其所调用评价意义资源皆十分有限。①3篇古汉语语篇中零星点缀有少量评价资源，如语篇1中之级差（Graduation）资源"不足""大（泽）"，语篇2中之级差量化资源"大（荒）""不足""大（泽）"，以及语篇3中之级差资源资源"不足""大（泽）"和"数千里焉"。此外，虽然语篇2和语篇3中均调用了1例否定判断（Judgement）能力性（Capability）意义资源"不量力"，然而其显性否定判断实则为隐性肯定判断可靠性（Tenacity）意义资源，即对夸父无畏艰难之品质之判断。因此，总体而言，3篇古汉语语篇由于所调用态度资源极少而总体上只能激发（invoke）一定的态度意义。②语篇4调用了1例鉴赏资源（"炎热的"），4例级差资源["一口气""大（泽）""立刻"和"方圆三百里"]；语篇5调用了2例判断资源（"神人"和"一刻不停地"），4例级差强化资源["难忍""终于""一直""大（泽）"和"结果"]；③语篇6调用了2例级差量化资源["大（荒）""大（泽）"]，1例否定判断（Judgement）能力性（Capability）意义资源（"不量力"）以及1例情感资源（"心烦"）；语篇7除了调用和语篇6相同的级差量化资源及1例否定判断（Judgement）能力性（Capability）意义资源（"不曾衡量自己的体力"），还另外调用了2例判断资源（"神人"和"一直"）。④语篇8和语篇9中所调用评价意义资源之种类与频率要远高于本研究中其他版本。⑤就评价意义明晰化程度而言，语篇8与语篇9亦远胜于3篇古汉语语篇以及其中2篇现代汉语写译版本。语篇8与语篇9中可见大量的铭刻类（Inscribed）态度资源，而语篇1未调用任何铭刻类态度资源，只可激发一定的态度意义，而古汉语语篇2和语篇3中则各有1例铭刻类态度资源。

其次，各个语篇在评价资源调用方面之差异亦引发语义韵模式变异。①尽管三篇古汉语语篇所调用的铭刻类态度资源寥寥可数，然而其韵律特征却不尽相同。语篇1中除了1例鉴赏资源和少量级差资源外，未见其他铭刻类态度资源，因而叙事总体较为客观；语篇2和语篇3则由于调用了"夸父不量力"这一核心铭刻类判断资源而呈现支配型语义韵特征（dominating prosody），因为铭刻类态度资源所投入的人际意义要强于级差资源所引发之态度。②语篇5所调用的评价资源类型和数量多于语篇4；虽则二者整体上皆呈现浸润型语义韵特征（saturating prosody），然而由于二者所调用态度资源有异，因而两者在韵律特征方面亦不尽相同。③语篇6在语义韵特征上更接近于语篇2，呈现支配型语义韵特征，而语篇7则由于所调用评价资源类型和数量更多，接近浸润型语义韵特征。④语篇8和语篇9所调用之评价资源远比其他语篇更具多样性和丰富性，亦呈现浸润型语义韵特征。

此外，各语篇所涉及杂言之延展度亦不尽相同。首先，3篇古汉语语篇或多或少都调用了介入（Engagement）资源，如：语篇1中的"不（足）""未（至）"，语篇2和语篇3中的"不

（足）""不（量力）"和"未（至）"，皆为显性否定（Deny）介入意义资源；语篇2中"将饮河而不足"中的"而"为显性对立（Counter）介入意义资源。由于汉语属于语义型语言，其"复合句往往是一种意合法"（王力，2000：32），因此更多其他类型介入意义资源倚重于对语篇中各小句语义之解读，如语篇1中的"饮于河。渭。河、渭不足"和语篇3中的"赴饮河、渭，河、渭不足"皆为隐性对立介入意义资源。其次，"夸父逐日"之6篇现代汉语写译本所调用的介入意义资源之种类和数量皆多于3篇古汉语语篇，且古汉语语篇中诸多隐性介入资源以显性形式呈现，如语篇1中"饮于河、渭，河、渭不足"和语篇3中"赴饮河、渭，河、渭不足"为隐性对立介入意义资源，而在语篇8和语篇9中分别再示例化为"可是他还没有到达目的地，就在中途口渴死了"和"可惜夸父还没有到达目的地，就在中途渴死了"。杂言之延展度亦表现为再示例化过程中之投射变异。投射变异关涉示例化过程中报道（report）与引用（quote）之转换。并列性引用异于主从性报道，因前者为"对另一语言事件用语之（接近）确切之另行使用"，而后者则因需与投射小句之语气、指称、语域特征等相匹配而涉及对另一语言事件用语施以更大程度之调适（Thompson，1996：206-207），因而势必引发人际意义投入变异。语篇9在夸父逐日这一阶段之记述上采用了引用形式——"他想到：太阳就要落下，黑夜就要来临，我不喜欢黑夜，我要去追赶太阳，捉住它，这样就能永远得到光明了"，而其余8个语篇都采用了报道形式。"由于引用中投射成分具有独立地位，因而更直接，栩栩如生；其中指示代词之指向则进一步强化该效果。"（Halliday，1985：256）因此，较之于其他语篇，语篇9互动性更强。

4.4 篇际关系

综合上述分析，不难发现，就整体篇际关系而言，在6篇现代汉语写译版本中，虽然语篇4与语篇5所调用人际意义资源比语篇1更为丰富，然而二者在语篇意义、概念意义方面与语篇1颇为接近，因此二者皆可视为语篇1之释义。同理，语篇6与语篇7亦可视为语篇2之释义。就故事梗概而言，语篇8和语篇9与其他语篇虽无显著差异，然较之于其他语篇，由于其调用了明显更多意义资源，而应视为"夸父逐日"神话之重述。

5. 结论

就语篇体裁而言，"夸父逐日"之9个版本皆属叙事语篇体裁，然而各语篇在结构安排上各具特点。就语境各要素而言，各版本在语场、语旨与语式方面亦各具特色。语篇1在语场方面所涉内容最为简少，语篇2和语篇3较语篇1在语场内容上有所增加，然而其内容各异。较之于古汉语版本，诸现代写译版本于语场方面亦有增加，然而各有差异。其中，语篇8中语场元素最为丰富，语篇9次之，而其余则各有不同。就语旨而言，语篇8和语篇9因作者在写译过程中伴以创作，所调用评价意义资源最为丰富，所以语篇中人物刻画细致生动，动作描写栩栩如生，态度意义跃然纸上。语篇1中几乎未含任何铭刻类态度意义，语篇4~7中态度意义资源亦少见。就语式而言，语篇1~3为古汉语语篇，语篇4~9为现代汉语语篇。此外，就语篇意义而言，诸语篇亦存在一定差异。

在再示例化过程中，"夸父逐日"之古代汉语版本与现代汉语写译版本之间在评价资源以及概念意义资源的激活使用方面存在差异，进而引发不同语篇在意义耦合、意义投入以及篇际关系方面的差异。意义耦合变异主要表现为：①在再示例化过程中，

《山海经·海外北经》中"夸父逐日"版本被后世流传者施以不同解读和不同释义，因而增加了新的概念意义和评价意义，并在其后世版本中形成不同于原文之意义耦合。②同样地，后世的流传者对"夸父"形象之认知亦随时代变化有不同解读，并伴以不同评价，从而增加了新的评价意义，因而也会在其后世版本中形成不同于原文之意义耦合。意义投入变异主要涉及概念意义和人际意义两个方面，其中概念意义投入变异主要源于再示例化过程中不同之释义和重述，而人际意义投入变异则主要源于再示例化过程中评价意义之增加和投射变化等。总体而言，语篇 8 因为耦合和更多意义资源而投入意义更多，语篇 9 次之，其余语篇则各有长短。就篇际关系而言，"夸父逐日"《山海经·海外北经》版本与本研究中后世诸版本之间为释义、重述关系。各语篇在概念意义、人际意义及语篇意义等方面都存在差异。其中所增加内容包括可信隐含信息、写译者创造之不太可信信息，亦包括写译者之评价。

参考文献

Chang, C. G. Modelling Translation as Re-instantiation [J]. *Perspectives*, 2018, 26(2): 166 – 179.

Halliday, M. A. K. Language Theory and Translation Practice [J]. *Rivista internazionaledi tecnica della traduzione*, 1992 (0): 15 – 25.

Halliday, M. A. K. An Introduction to Functional Grammar [M]. 2nd ed. London: Arnold, 1994.

Martin, J. R. Beyond Exchange: Appraisal Systems in English [M] //S. Hunston & G. Thompson. (eds.) *Evaluation in Text: Authorial Stance and the Construction in Discourse*. Oxford: Oxford University Press, 2000: 142 – 175.

Halliday, M. A. K. Computing Meanings: Some Reflections on Past Experience and Present Prospects: A Plenary Speech at PACLING 1995[M]//J. J. Webster(ed.) *Collected Works of M. A. K. Halliday Volume 6: Computational and Quantitative Studies*. London: Continuum, 2005, 239 – 267.

Hood, S. Summary Writing in Academic Contexts: Implicating Meaning in Processes of Change[J]. *Linguistics and Education*, 2008, 19 (4): 351 – 365.

Martin, J. R. Genre, Ideology and Intertextuality: A Systemic Functional Perspective[J]. *Linguistics and the Human Sciences*, 2006(2): 275 – 298.

Martin, J. R. Innocence: Realization, Instantiation and Individuation in a Botswanan Town[M]// N. Knight & A. Mahboob. (eds.) *Questioning Linguistics*. Cambridge: Cambridge Scholars Publishing, 2008: 27 – 54.

Martin, J. R. Semantic Variation: Modeling System, Text and Affiliation in Social Semiosis[M]//M. Bednarek & J. R. Martin. (eds.) *New Discourse on Language: Functional Perspectives on Multimodality, Identity, and Affiliation*. London/New York: Continuum, 2010: 1 – 34.

Martin, J. R. & D. Rose. *Working with Discourse: Meaning Beyond the Clause*[M]. London/New York: Continuum, 2003.

Martin, J. R. & White, P. R. R. *The Language of Evaluation: Appraisal in English*[M]. London: Palgrave, 2005.

Matthiessen, C. M. I. M. The "Architecture" of Language According to Systemic Functional Theory: Developments Since the 1970s [M]//R. Hasan, C. M. I. M. Matthiessen & J. J. Webster. (eds.) *Continuing Discourse on Language: A Functional*

Perspective(Vol. 2). London: Equinox, 2001: 505 – 561.

Souza, L. M. F. Interlingual Re-instantiation—A New Systemic Functional Perspective on Translation[J]. *Text & Talk*, 2013, 4(5): 575 – 594.

Yang, Z. Subjectivity in Translation as Interlingual Re-Instantiation[J]. *Journal of World Languages*, 2015, 2(1): 18 – 31.

陈树坤, 黄中习. 再实例化视角下民族志多模态译注研究: 以《回招亡魂: 布洛陀经文》为例 [J]. 西藏民族大学学报（社会科学版）, 2019（2）: 96 - 102, 119.

桂乾元. "写译"——翻译的新品种——兼评瑞士胜雅律教授之《智谋》一书 [J]. 语言与翻译, 1997（1）: 41 – 45.

马云霞. 实例化理论的发展及其对语篇再实例化的启示 [J]. 浙江外国语学院学报, 2016（5）: 14 – 20.

王力. 中国文法学初探 [M] //王力语言学论文集. 北京: 商务印书馆, 2000.

杨忠. 翻译作为再实例化过程的语篇意义对等及译者主体作用 [J]. 外语与外语教学, 2017（4）: 97 – 107.

袁珂. 山海经全译 [M]. 贵阳: 贵州人民出版社, 1991.

袁珂. 中国古代神话 [M]. 上海: 华东师范大学出版社, 2016.

徐客. 山海经（2016 白话全译彩图升级珍藏版）[M]. 北京: 现代出版社, 2016.

赵晶. 再实例化视角下政治文本标题的翻译策略与方法: 以《习近平谈治国理政》的英译为例 [J]. 北京科技大学学报（社会科学版）, 2020（2）: 30 – 38.

A Study on the Translation of "Kuafu's Pursuing of the Sun" from the Perspective of Re-instantiation Theory
Li Zhonghua Lu Jian

Abstract: In the long evolutionary history of the ancient Chinese mythological tale, "Kuafu's Pursuing of the Sun", a variety of versions and translations developed. Literature shows that scholars mainly focus on either the search for the prototypes or the underlying original meaning of the tale, while little attention has been paid to the translation of the tale. The present research describes and analyzes from the perspective of the theory of re-instantiation in SFL, "Kuafu's Pursuing of the Sun" and its Chinese translations, to explore how the meanings in the original version of the story are re-instantiated in its translated versions.

Key words: Re-instantiation, Kuafu's Pursuing of the Sun, Coupling, Commitment

中央政治文献英译文中的名词化应用及其效果
——以党的二十大报告为例

李煜敏*

摘要：中央政治文献是反映党和国家重要战略和政策、了解党和国家领导人重要思想和理论的关键文件，是国际社会准确理解中国社会各方面的重要窗口。受限于当前的国际语言环境，国际社会了解这些重要文献的主要渠道仍然是英语，因此，中央政治文献的英译就十分重要。做好中央政治文献的翻译，是该类文本译者不断探索的主题和努力的方向。本文主要研究中央政治文献英文译文中的名词化应用及其效果。本文以党的二十大报告原文及英译文为例，根据朱永生对名词化的定义（2006），通过标注英译文中的名词化结构，结合语境分析，得出如下结论：在中央政治文献英译文中，适当使用名词化能达到提高文本正式程度、弱化施事者、简化句子和连接上下文等效果。但应注意到，过多名词化结构也会造成读者阅读困难等问题，因此译者应把握好名词化结构使用的度，发挥其优势，避免过度使用。

关键词：中央政治文献　英译　名词化

---

* 李煜敏，中央党史和文献研究院三级翻译。研究方向：政治文献翻译。

1. 引言

中央政治文献包括党和国家领导人的著作和讲话、党代会及全国两会报告等党和国家的重要文献。其外译版本，尤其是英译版本，是国际社会了解我国社会各方面的重要依据和主要渠道。习近平总书记2022年8月25日回信勉励外文出版社的外国专家时表示，"通过准确传神的翻译介绍，让世界更好认识新时代的中国，对推进中外文明交流互鉴很有意义"①。由此可见，中央政治文献的翻译对于国际社会更好地认识中国、促进中国与国际社会之间的文明交流互鉴起到关键作用。正因为如此，近年来围绕中央政治文献中译外的研究比较多。有的以政治文献翻译权威专家的身份阐释政治文献翻译应注意的问题及其原因（程镇球，2003，2004；陈明明，2014），有的利用语料库研究中央政治文献的特点及其翻译方法（Wang & Feng, 2018; Li & Pan, 2021; Hu & Li, 2022），有的以某一特定文本为例对中央政治文献译文进行研究（孙丽冰，2014；冯智强，2022），有的则从不同的理论视角分析中央政治文献译文（于丽，2021）。这些研究为中央政治文献的翻译提供了很多借鉴，也在某种程度上帮助提高了该类文本的翻译质量。但针对中央政治文献翻译的研究，更多的是从翻译层面去探讨，如研究该类文本的特点、翻译策略、翻译策略背后的考量等，在针对政治文献中的语言学研究中，也主要探讨其中涉及的语言学现象及其翻译策略（唐革亮、杨忠，2016；唐革亮、曲英梅，2022），较少研究专门论述中央政治文献中语言层面的问题及其对译文整体的影响。基于此，本文以党的二十大报告英文译文为例，研究译文中的名词化现象，分析探讨名词化对译文的影响及其效果。需要说明的是，中央政治文献本身就

---

① http://www.news.cn/politics/leaders/2022-08/26/c_1128951067.htm.

存在大量名词化结构的语言特点，因此，本文特别探讨的是中文文本没有使用名词化而译文使用了名词化的情况，对于中文使用名词化且英文亦译为名词化的情况不做进一步分析讨论。

2. 文本选择

本文选择党的二十大报告作为分析文本，主要有以下两方面的考虑：一是二十大报告是习近平总书记在党的二十大上做的报告，是对过去五年党和国家工作的总结以及对未来五年甚至更长时间的规划，对于国际社会了解中国过去及今后几年的发展有着十分关键的作用；二是党的二十大报告属于党代会文件，是中央政治文献中十分重要的组成部分，在该类文献中具有代表性。因此，选择这样一份重要的报告作为研究文本，分析该报告英文翻译中的问题，对于中央政治文献的翻译具有普适性。

3. 研究方法

本文主要采用量化分析的研究方法。首先，根据朱永生对名词化的定义（2006），标注出英文中的名词化例子，再对比中文原文，剔除中文使用名词化的例子，保留中文中没有使用名词化而对应译文中使用名词化的例子。总体来看，二十大报告原文共32522个字，英文译文24727个词，中文及其译文均使用名词化结构的有500多处，而中文没有使用名词化、译文使用名词化的有170多处。从初步统计数据来看，二十大报告原文和译文使用名词化的频率都较高，这跟中央政治文献本身专业性强、正式程度高等特点有关。本文将重点分析英译文中使用名词化的部分例子，探讨以二十大报告为代表的中央政治文献译文中名词化的应用及其效果。

4. 名词化的定义

目前关于名词化的定义有不少研究。韩礼德认为，"名词化是用名词来体现本来要用动词或形容词所体现的'过程'或'特征'"（1985：352）。胡壮麟表示，"名词化是将过程（其词汇语法层的一致式为动词）和特性（其一致式为形容词）经过隐喻化，不再是小句中的过程或修饰语，而是以名词形式体现的参与者"（1996：4）。根据杨丰宁的观点，"名词化是指为了满足表达和修辞的需要，动词、形容词和副词被转化成名词或名词词组这一语言现象"（1996：52）。朱永生则认为，"从语义功能的角度来看，名词化指的是把某个过程或特征看作事物，而词性转换只是这种现象得以实现的一种方式"（2006：84）。鉴于名词化的定义较多，各专家学者有各自的观点，本文按照朱永生对名词化的定义来标注英文译文中的名词化结构。

5. 文本分析

在对党的二十大报告原文及英文译文进行分析后，本文认为，在中央政治文献英译文中适当应用名词化结构，可以起到以下四种效果：提高文本正式程度、弱化施事者、简化句子、连接上下文。下面将根据原文及译文例子，逐一进行分析。（注：下文中原文和译文的加粗均为作者所加）

5.1 提高文本正式程度

中央政治文献是传达党和国家重要思想观念的文件，该属性决定了其文本具有语言正式、用词规范等特点。译文中使用名词化结构，能使文本更加正式，更具说理性。

例1. 中国共产党第二十次全国代表大会，是在全党全国各族人民迈上全面建设社会主义现代化国家新征程、向第二个百年奋斗目标进军的关键时刻召开的一次十分**重要的**大会。

The 20th National Congress of the Communist Party of China is a meeting of great **importance**. It takes place at a critical time as the entire Party and the Chinese people of all ethnic groups embark on a new journey to build China into a modern socialist country in all respects and advance toward the Second Centenary Goal.

党的二十大是我们党和国家历史上一次至关重要的大会，引发全国乃至全世界的关注。二十大报告作为纲领性文件，意义非同凡响。该句作为二十大报告的开头，奠定了整篇的基调，因此该句的翻译需要仔细斟酌，传递其重要意义。我们可以看到，原文"十分重要的"是副词搭配形容词的形式，而译文中则使用名词化结构放在介词短语 of great importance 中。若按照中文的形式译为 very important，则稍显不那么正式，不足以突出党的二十大的庄重和重大意义。译文使用名词化，使原本大会的特征"重要"变为直接参与者 importance，提高了文本的正式程度，更能凸显二十大的重要意义。

例2. 积极发展社会主义先进文化，**突出**保障和改善民生，集中力量实施脱贫攻坚战……

We have actively developed advanced socialist culture. We have ensured and improved public wellbeing as a matter of **priority** and pooled resources to wage a critical battle against poverty.

原文"突出"是动词，把后面的动宾结构"保障和改善民生"变成了它的宾语，而译文则使用名词 priority 放在介词短语 as a matter of priority 中，把"突出"这一过程看作事物。这样一方面强调了我们优先保障和改善民生的做法，彰显了党和国家对人民的关切，另一方面也使得文本更加正式。

例3. 号召全党学习和践行伟大建党精神，在新的征程上**更加坚定、更加自觉**地牢记初心使命、开创美好未来。

We called upon all Party members to study and apply the great founding spirit of the Party, and we encouraged them to create a brighter future by staying true to the Party's founding mission with **greater resolve and purpose** on the new journey ahead.

"更加坚定、更加自觉"作为副词修饰后面的内容，而译文并没有直接使用 firmly、consciously 等相对对应的副词，而是用名词词组 greater resolve and purpose，将特征看作事物，突出强调我们对党的初心使命的坚定信仰，凸显文本的正式程度。

5.2 弱化施事者

中央政治文献文风严谨客观，且中文常省略主语。使用名词化结构，将动作或特征直接转化为句子的主语，避免施事者的出现，弱化了施事者在句子中的作用，从而传达了原文客观严谨的风格。

例4. 深入推进粤港澳大湾区建设，支持香港、澳门发展经济、改善民生、保持稳定。

Further headway has been made in developing the Guangdong-Hong Kong-Macao Greater Bay Area and supporting Hong Kong and Macao in growing their economies, improving living standards, and maintaining stability.

原文"深入推进"是副词修饰动词,且省略了主语,这与中央政治文献的文本特点以及中文的语言特点有关。一方面,省略主语能体现文本的客观性;另一方面,中文重意合,省略主语之后不会影响语篇结构。但英文重形合,句子一般需要主语。若按照原文的结构来翻译,则要为"深入推进"加上主语。从原文来看,该主语还是比较模糊的,若随意添加,会导致译文精准度有所降低。在这种情况下,译文采用名词化结构,将 further headway 作为主语,将"深入推进"这一过程看作事物,这样便弱化了施事者的作用,同时又不影响译文的精准度,达到一举两得的效果。

例5. 我们要坚持以推动高质量发展为主题,把**实施**扩大内需战略同深化供给侧结构性改革有机结合起来……

Pursuing high-quality development as our overarching task, we will make sure that our **implementation** of the strategy to expand domestic demand is integrated with our efforts to deepen supply-side structural reform...

原文将"实施"这个过程看作事物,用 implementation 作为从句的主语,这样便弱化了真正的主语"我们"在句子中的作用。一方面,这样的结构能避免多次重复使用主语 we;另一方面,它也弱化了主语"载体在小句信息结构中的分量"(朱永生,2006:85),更加凸显"实施"这个动作过程在句子中的作用。

例6. **共建共治共享**的社会治理制度进一步健全……

We have further improved the social governance system based on **collaboration, participation, and shared benefits**.

"共建共治共享"是以人民为中心的重要体现，多次出现在中央政治文献中，体现了党和国家对人民的重视。"共建"即共同参与社会建设，"共治"即共同参与社会治理，"共享"即共同享有社会治理。若按照原文的结构翻译，则必须添加主语，补齐主谓宾。这样一方面无法再现原文的客观性，另一方面也导致句子过于冗长，不利于译文的整体阅读效果。因此，译者采用名词化结构，将"共建共治共享"所包含的三个短句分别用名词来表示，客观而又精准地再现了原文所表达的意思。

例7. 对**违反党纪**的问题，发现一起坚决查处一起。
Regarding **violations** of Party discipline, each and every infraction identified must be strictly investigated and handled.

原文"违反党纪"是动宾结构，若按照中文形式结构来翻译，需要增加主语以保障句子的完整性。但从原文比较难看出句子的真正主语，或者说主语有多种可能，若随意添加，会导致译文表达不完整。因此，译文使用名词化结构 violations of Party discipline，将过程看作事物，弱化了施事者，从而避免了添加真正的主语，使得译文更加精准。

5.3 简化句子
使用名词化结构，将动作或特征通过名词来表现，可以避免句子由于从句等结构而过于冗长的缺点，从而达到简化句子的效果。

例8. 在幼有所育、学有所教、劳有所得、病有所医、老有所养、住有所居、弱有所扶上持续用力，人民生活全方位改善。
We have worked continuously to ensure people's **access** to

childcare, education, employment, medical services, elderly care, housing, and social assistance, thus bringing about an all-around improvement in people's lives.

原文"幼有所育、学有所教、劳有所得、病有所医、老有所养、住有所居、弱有所扶"是七个小短句，基本涵盖了人民生活中的方方面面。若按照原文的结构来翻译，则需要译出每个小句的主谓宾结构，以保证句子的完整性。如此一来，译文句子未免过于冗长，不够凝练有力。因此，译者摒弃原文的主谓结构，采用名词化结构，用 access 一词连接后面七个方面的内容，简洁明了地传达了原文的意思，取得了极佳的效果。

例9. 全面推进**科学立法、严格执法、公正司法、全民守法**，全面推进国家各方面工作法治化。

We will make all-around efforts to ensure **sound legislation, strict law enforcement, impartial administration of justice, and society-wide observance of the law** and see that all work of the state is carried out under the rule of law.

原文"科学立法、严格执法、公正司法、全民守法"是四个小短句，从立法、执法、司法和守法四个方面阐述国家的法治工作。译文并没有按照原文的短句格式，而是采用名词化 legislation、enforcement、administration 和 observance 这四个词语来表达，简化了语篇结构，又提高了文本的正式程度，从而实现了原文的传播效果。

例10. 深化整治权力**集**中、资金**密集**、资源**富集**领域的腐败……

We will intensify efforts to uproot corruption in sectors with a high **concentration** of power, funds, and resources.

原文三个小短句"权力集中、资金密集、资源富集"阐述了权力、资金和资源三个容易出现腐败的领域,译文中并没有一一采用相应的动宾结构,而是采用 concentration 这一名词化结构,大大简化了句子结构,浓缩了原文要传达的意思,使读者更加清晰地了解原文的内涵。

例11. 立志做**有理想、敢担当、能吃苦、肯奋斗**的新时代好青年。
You should strive to be the new era's great young generation, a generation **with ideals, a sense of responsibility, grit, and dedication**.

原文通过"有理想、敢担当、能吃苦、肯奋斗"四个短句道出了新时代好青年具备的优秀品质。若按照原文结构翻译,只能处理成定语从句,修饰"新时代好青年"。这样一来,句子比较冗长,而且也不够凝练,无法取得原文的传达效果。译者采用名词化结构,用四个名词或名词短语代替原文的短句结构,简洁有力地表达了新时代好青年应有的样子,取得了与原文相一致的表达效果。

5.4 连接上下文

中文常用重复表示强调,但英文则尽量避免重复。名词化结构的使用能减少句子成分的重复,避免前后文语义重复,从而更好地连接上下文。

例12. 面对这些影响党长期执政、国家长治久安、人民幸福安康的突出矛盾和问题,党中央审时度势、果敢抉择,锐意进取、攻坚克难,**团结带领**全党全军全国各族人民撸起袖子加油干、风雨无阻向前行,义无反顾进行具有许多新的历史特点的伟大斗争。

In the face of these acute problems and challenges, which undermined the Party's long-term governance, the security and stability of the country, and the wellbeing of the people, the Party Central Committee fully assessed the situation, made resolute decisions, and took firm steps. **Under its leadership**, the entire Party, the military, and the Chinese people were brought together. We rolled up our sleeves and got down to work, forging ahead with resolve to carry out a great struggle with many new features of our times.

原文是主语为"党中央"的长句,若按照中文结构来翻译,则译文的句子比较冗长,而且层次不分明,读者读起来可能会觉得疑惑。因此,译者将英文译文分成三句,并将"团结带领"转换为名词化结构,以 under its leadership 的介词短语形式呈现,很好地起到了连接上下文的效果,层次鲜明地向读者展现了党中央带领全党全军全国人民克服重重困难,取得了一系列傲人的成就。

例13. 中国式现代化,是中国共产党**领导**的社会主义现代化,既有各国现代化的共同特征,更有基于自己国情的中国特色。

Chinese modernization is socialist modernization pursued under the **leadership** of the Communist Party of China. It contains elements that are common to the modernization processes of all countries, but it is more characterized by features that are unique to the Chinese context.

"中国式现代化"是二十大报告中的一个重要概念，报告详细阐述了该概念的具体内涵。该句阐述了其中的一个重要特点，就是"中国共产党领导的社会主义现代化"。译者将原文的动宾结构转化为名词化结构 under the leadership of the Communist Party of China，避免了多次重复，很好地衔接了上下文，使译文更加通顺流畅。

例14. **引领和保障**中国特色社会主义巍巍巨轮乘风破浪、行稳致远。

Under its guidance, we will ensure that the great ship of socialism with Chinese characteristics catches the wind, cuts through the waves, and sails steadily into the future.

原文"引领和保障"作为并列的两个动词引领后文的宾语内容。若译文使用 guide 和 ensure，则 guide 与后文的内容没法很好地连接，从而导致句子不通顺。这种情况下，译者巧用名词化结构，用 under its guidance 代替动词 guide，很好地解决了该问题，将上下文无缝衔接起来，使得译文更加通畅简洁。

6. 结语

从上文的分析我们可以看到，在中央政治文献的翻译中，巧用名词化结构可以起到多种不同的效果，从而使译文更具可读性和说理性。通过使用名词化结构，可以使文本更加专业正式，符合中央政治文献的文本特点。名词化是把过程或特征看作事物，因此使用该结构可以弱化施事者，突出强调过程或特征，契合中央政治文献客观公正的文本特征。由于名词可以搭配多个修饰成分，名词化的使用可以简化句子结构，使译文更加简洁凝练。此外，中央政治文献多用长句，适当使用名词化可以起到连接上下文的作用，使得译文层次更加鲜明、逻辑更加清晰。当然，过多的名词堆砌会使得行文晦涩难懂，给没有相关知识背景的读者造成理解困难和阅读不流畅等问题。因此，译者在翻译中央政治文献时，应把握好名词化结构的使用，这样既能最大限度地发挥名词化结构在译文中的作用，又能避免名词过多带来的问题，从而更好地传播原文的内涵。

参考文献

Halliday . M. A. K. *Introduction to Functional Grammar* [M]. London: Arnold, 1985.

Hu, Kaibao & Li, Xiaoqian. The Image of the Chinese Government in the English Translations of *Report on the Work of the Government*: A Corpus-based Study [J]. *Asia Pacific Translation and Intercultural Studies*, 2022(9): 1.

Li, Tao & Pan, Feng. Reshaping China's Image: A Corpus-Based Analysis of the English Translation of Chinese Political Discourse [J]. *Perspectives*, 2021, 29: 3.

Wang, Binhua & Feng, Dezheng. A Corpus-based Study of Stance-taking as Seen from Critical Points in Interpreted Political Discourse [J]. *Perspectives*, 2018, 26: 2.

陈明明. 在党政文件翻译中构建融通中外的新概念新范畴新表述［J］. 中国翻译, 2014（3）.

程镇球. 政治文献要讲政治［J］. 中国翻译, 2003（3）.

程镇球. 政治文献的翻译［J］. 中国翻译, 2004（1）.

冯智强. 政治文献对外翻译中的语言自信研究——以党的十九大

报告译文为中心的考察 [J]. 天津外国语大学学报, 2022 (4).

胡壮麟. 语法隐喻 [J]. 外语教学与研究, 1996 (4).

孙丽冰, 赵静. 英译政治文献中主语的选择——以十八大报告翻译为例 [J]. 中国科技翻译, 2014 (1).

唐革亮, 曲英梅. 党政文献翻译中名词化翻译转移策略研究 [J]. 中国翻译, 2022 (1).

唐革亮, 杨忠. 功能视域中汉英名词化结构的翻译策略研究——以十八大报告翻译为例 [J]. 外语学刊, 2016 (1).

杨丰宁. 名词化现象及其原因 [J]. 外语教学, 1996 (3).

于丽. 评价理论视角下政治文献翻译中译者的主体性研究 [J]. 外语学刊, 2021 (6).

朱永生. 名词化、动词化与语法隐喻 [J]. 外语教学与研究, 2006 (2).

Application and Effects of Nominalization in English Translations of Central Political Documents—A Case Study of the Report to the 20th CPC National Congress

Li Yumin

Abstract: Central political documents are key to reflecting the important strategies and policies of the Party and the state, and understanding the crucial thoughts and theories of the Party and state leaders. They are an important window for the international community to understand various aspects of Chinese society. Against the backdrop of the current international language environment, English is still the main channel for the international community to understand these documents, so their English translations are quite important. For that, translators have been exploring how to better translate central political documents. This paper mainly studies the application and effects of nominalization in English translations of central political documents based on an analysis of the report to the 20th CPC National Congress and its English translation. Marking the nominalization structures in the English translation and analyzing some examples according to Zhu Yongsheng's definition of nominalization (2006), the author concludes that proper use of nominalization in English translations of central political documents can make the text more formal, weaken the function of agents, simplify sentences, and better connect the whole text. However, it should be noted that too many nominalization structures can also cause difficulties in reading, so translators should apply the nominalization structures in a proper manner, giving full play to their advantages while avoiding the disadvantages caused by excessive use of such structures.

Key words: central political documents, English translations, nominalization

功能语境视角下的外宣翻译

常晨光[*]

摘要：在加强我国国际传播能力的背景下，翻译工作的重心开始从"翻译世界"向"翻译中国"转变。政府的外宣翻译是"翻译中国"最重要的组成部分，无疑在国际传播能力建设中具有举足轻重的地位。本文主要通过对中国政府近期发布的三部白皮书的中英文版本进行分析，揭示成功的译本在翻译策略选择上所体现的功能思想。系统功能语言学理论强调语言的社会符号功能，关注语篇产生的语境以及语域、语篇体裁与语言选择之间的密切联系，对外宣翻译有重要启示。

关键词：外宣翻译　白皮书　功能　语境

1. 引言

在新的时代背景下，我们不仅要继续把世界介绍给中国，更紧迫的是把中国介绍给世界。2021 年 5 月 31 日，中央政治局就加强我国国际传播能力建设进行第三十次集体学习，习近平总书

---

[*] 常晨光，博士，中山大学外国语学院、国际翻译学院教授，博士生导师。研究方向：功能语言学、翻译研究。

记在会上强调,要重视讲好中国故事,传播好中国声音,展示真实、立体、全面的中国。2022年8月25日,习近平总书记在给外文出版社的外国专家的回信中,再次勉励大家"通过准确传神的翻译介绍,让世界更好认识新时代的中国","用融通中外的语言、优秀的翻译作品讲好中国故事,引导更多外国读者读懂中国,为促进中国和世界各国交流沟通、推动构建人类命运共同体作出新贡献"。翻译工作的重心开始从"翻译世界"向"翻译中国"的转变势为必然(黄友义,2022)。作为"翻译中国"最重要的组成部分之一,外宣翻译为党和国家大局服务,无疑在国际传播能力建设中具有举足轻重的地位。本文将通过对比分析中国政府近几年发布的三部白皮书及其官方英文版本,分析其翻译过程所采取的策略,并讨论成功的译本在翻译策略选择上所体现的功能思想,以及语境因素在译者语言选择方面所起的重要作用。

2. 系统功能视角下的翻译

系统功能语言学视语言为意义制造的资源,强调语言的社会符号功能,关注语篇产生的语境以及语域、语篇体裁与语言选择之间的密切联系。从功能的角度看,翻译行为是一种交际行为,"一种制造意义的活动"(Halliday,1992),涉及对源语意义的创造性重构(Matthiessen,2001:74)。因此,Halliday(1964)认为,翻译对等只是个程度的问题。换言之,功能视角下的翻译对等是个相对的概念,而不是绝对的。

这种对等观源自功能语言学者对意义的理解。Halliday继承伦敦学派的思想,认为意义是语境中的功能,因此翻译中意义的对等就是语境中的功能对等(Halliday,1992:16)。为实现语境中的功能对等,翻译就有必要考虑到文本内容、受众、交际目的、交际双方关系等诸多语境因素进行创造性的意义重构。我们可以从示例化(instantiation)的维度分析这种意义重构,将翻译看成一个再示例化的过程（Chang, 2018），尤其关注目的语文本在概念意义和人际意义上展现出的不同语义投入，以解释翻译过程中涉及的微观策略。

3. 政府白皮书翻译的特点

白皮书作为"皮书"的一种，最初源于政府部门对某专门问题的特定报告。由于这种报告在印刷时通常不做任何装饰，封面也是白纸黑字，故称为"白皮书"。政府发布的白皮书一般是政府针对某一重大问题或国际关切，说明事实、表明立场的正式官方文书，因此常与"官方解读""权威发布"相联系。

政府白皮书最突出的特点就是政治性强，因为它的发布主体为国家政府，表达的是政府的政策主张、原则立场等内容，对语言的准确性要求很高，对其翻译的质量要求同样也高。政府白皮书翻译首先要注意政治性，树立鲜明的政治立场，对外塑造中国形象，沟通国际交往，绝对不能出现政治上的偏差。我国政府白皮书的翻译是一种机构翻译，由政府发起、组织、审核、发布，翻译团队由中外专家组成。

翻译活动是一种跨文化交际，译者需要考虑预设受众。政府白皮书的翻译要真正达到说明事实、表明立场的目的，实现译本预期的传播效果和国际影响，就必须考虑语言、语境、交际者等重要因素。政府白皮书的翻译要以忠实原文、准确达意为基础，对"对等"有非常高的要求，涉及语篇体裁、语域、词汇语法等各个层面的考量，兼顾目的语的表达习惯和译文的可读性，并灵活变通。

本文选取的三部中国政府白皮书分别是《中国的民主》白皮书、《抗击新冠肺炎疫情的中国行动》白皮书和《台湾问题与新时代中国统一事业》，并考察其官方英译本，这些官方英译本可以被看作优秀的翻译案例。通过对这些译本的翻译策略进行分析，我们可以发现译者在翻译策略选择上所体现的指导思想，以及语境因素在译者语言选择方面所起的重要作用。

4. 政府白皮书翻译中的翻译策略

前文提到，政府白皮书政治性强，对其翻译的准确性要求很高，但为了准确达意、兼顾目的语的表达习惯，在翻译过程中也经常需要灵活变通。Halliday（2010）指出，在翻译时要关注源语语篇的价值特征，有效的翻译指的是译文能达到与"源语文本上下文中相同的功能"。这种从语篇层面考虑翻译功能等效的思想对指导翻译实践十分重要。政府白皮书的翻译除具体内容细节的准确对等外，更需要从语篇层面全局统筹，充分考虑体裁、风格等方面的因素，恰如其分地传达原文的信息，使译文更好地达到预期的效果，实现其传播功能。

这种翻译的整体意识也得到国内翻译研究者的认可。司显柱（1999）也曾提出以语篇作为翻译的基本单位的观点，并从忠实、通顺两个角度对之进行了验证。冯全功（2015：77）也认为，"翻译时要有强烈的语篇意识，遵循整体性与和谐性两大原则"。他指出，语篇翻译观预设了要把整个语篇作为翻译单位，这样才能"纵观统筹、全局策划"（冯全功，2021）。从语篇翻译全局的角度来看，便容易理解政府白皮书在翻译操作层面采用的具体策略。

以《中国的民主》《抗击新冠肺炎疫情的中国行动》和《台湾问题与新时代中国统一事业》三部白皮书的英译为例，灵活变通的现象比比皆是。例如，从《中国的民主》白皮书及官方英译本的题目及主要部分标题的翻译，我们发现，英译本并非完全采用直译的方法。最大的改变在于白皮书的题目"中国的民主"和第五部分的标题"丰富人类政治文明形态"的翻译。"中国的民主"没有直译为China's Democracy 或者 Democracy in China，而是译成 China: Democracy That Works, 明确说明了中国民主的特色, 是"真实管用的民主", 增加了更多的概念意义及人际意义投入(Martin, 2010; Chang, 2018), 而这正是这部白皮书要传达的核心意义。第五部分的标题"丰富人类政治文明形态"的英译变化更大, 从文字层面似乎完全脱离了原文, 翻译成 A New Model of Democracy, 但从白皮书发布的背景及国际传播效能的角度来看, 这种处理更好地反击了美国在其所主导的"民主峰会"上对中国特色社会主义制度的歪曲和抹黑, 强调美西方所主张的民主只是民主的一种形态, 并非民主的唯一形态, 而中国的民主是一种新的民主模式, 丰富了人类政治文明形态。从语篇全局这个宏观的角度来看, 译文并没有偏离原文的意义。另外, 在语言形式上, 这种处理更好地保持了白皮书各部分英译文句法结构的一致性。《中国的民主》白皮书中各标题及对应译文, 见表1。

表1 《中国的民主》白皮书标题与英译

《中国的民主》	*China: Democracy That Works*
前言	Preamble
一、中国共产党领导人民实现全过程人民民主	I. Whole-Process People's Democracy Under CPC Leadership
二、具有科学有效的制度安排	II. A Sound Institutional Framework
三、具有具体现实的民主实践	III. Concrete and Pragmatic Practices
四、广泛真实管用的民主	IV. Democracy That Works
五、丰富人类政治文明形态	V. A New Model of Democracy
结束语	Conclusion

分析本文所选取的三部中国政府白皮书及其英译本, 我们发现以下五种主要翻译策略。

（一）增译

考虑到目标读者可能缺少相关文化背景信息，译文常采用的策略之一是增译。有些信息对中国人来说可能是常识，但国外的目标读者很可能并不熟悉。例如，最常见的增译是补充历史事件等的具体年份。

(1) 中国共产党始终致力于为中国人民谋幸福、为中华民族谋复兴。在成立初期，中国共产党就把争取台湾摆脱殖民统治回归祖国大家庭、实现包括台湾同胞在内的民族解放作为奋斗目标，付出了巨大努力。(《台湾问题与新时代中国统一事业》)

The CPC has always been dedicated to working for the wellbeing of the Chinese people and the rejuvenation of the Chinese nation. Soon after its founding **in 1921**, the CPC set itself the goal of freeing Taiwan from colonial rule, reuniting it with the rest of the country and liberating the whole nation, including compatriots in Taiwan. It has made a tremendous effort to achieve this goal.

(2) 新中国成立以后，以毛泽东同志为主要代表的中国共产党人，提出和平解决台湾问题的重要思想、基本原则和政策主张……(《台湾问题与新时代中国统一事业》)

After the founding of the PRC **in 1949**, China's Communists, under the leadership of Mao Zedong, proposed the essential guideline, underlying principle, and basic policy for peaceful settlement of the Taiwan question.

(3) 今年是中国共产党成立100周年。100年前，中国共产党一经诞生，就把为中国人民谋幸福、为中华民族谋复兴确立为自己的初心和使命，为实现人民当家作主进行了不懈探索和奋斗。100年来，党高举人民民主旗帜，领导人民在一个有几千年封建社会历史、近代成为半殖民地半封建社会的国家实现了人民

当家作主,中国人民真正成为国家、社会和自己命运的主人。(《中国的民主》)

This year marks the centenary of the CPC. Since its founding **in 1921**, the Party has taken the wellbeing for the Chinese people and the rejuvenation of the Chinese nation as its abiding goals, and has made continuous efforts to ensure the people's status as masters of the country. China is a country with a feudal history dating back several thousand years that descended into a semi-feudal and semi-colonial society **after the Opium War of 1840**. Over the past hundred years, the Party has led the people in realizing people's democracy in China. The Chinese people now truly hold in their hands their own future and that of society and the country.

在以上例子中,通过补充重要历史事件的具体时间,使可能不太熟悉中国近现代史的国外读者更容易理解白皮书所传递的信息。在例(3)中,英译文中还补充说明了中国沦为半殖民地半封建社会的时间节点是鸦片战争这一信息。从再示例化的角度,可以看作概念意义投入的增加。这种概念意义投入的增加显然有利于提高传播效力。

(二)减译

与增译相反,译者有时需要采用减译的策略处理汉语重复表达以及虚义名词的翻译问题,例如:

(4)依法打击"**台独**"**顽固分子**,有力震慑"**台独**"**分裂势力**。妥善处理台湾对外交往问题,巩固发展国际社会坚持一个中国原则的**格局**。(《台湾问题与新时代中国统一事业》)

We have taken lawful action against and effectively deterred **separatist forces**. We have handled Taiwan's external exchanges in a sound manner, and consolidated the international community's commitment to the one-China principle.

例（4）中"'台独'顽固分子""'台独'分裂势力"意义上有所重复，在译文中合并译为 separatist forces，更符合英语的表达习惯。"巩固发展国际社会坚持一个中国原则的格局"中"格局"一词意义较虚，译文则采用了省略的策略。

（5）在中共中央统一领导下，各地方各方面坚决贯彻中央决策部署，有令必行、有禁必止，严格高效落实各项防控措施，全国形成了**全面动员、全面部署、全面加强，横向到边、纵向到底**的疫情防控局面。（《抗击新冠肺炎疫情的中国行动》）

Local authorities and other stakeholders have implemented each and every one of the decisions, plans and prohibitions of the central authorities, and strictly and effectively enforced all response measures. Thus, **an effective and well-functioning whole-of-the-nation** control mechanism is in place.

例（5）中，为避免英文表达的重复，"全国形成了全面动员、全面部署、全面加强，横向到边、纵向到底的疫情防控局面"被释译为 an effective and well-functioning whole-of-the-nation control mechanism is in place，虽然汉语本来的修辞效果有所减损，但意义得到更清晰的表达。

（6）两岸协商谈判可以**有步骤、分阶段**进行，方式可灵活多样。（《台湾问题与新时代中国统一事业》）

We can **phase** in flexible forms of consultation and discussion.

（7）医务工作者**白衣执甲、逆行出征**。从年逾古稀的院士

专家,到 90 后、00 后的年轻医护人员,面对疫情**义无反顾、坚定前行**。(《抗击新冠肺炎疫情的中国行动》)

Medical workers **rose to the challenge**. Medical workers, from the very young to the very old, **showed no hesitation** in confronting the epidemic.

(8)为进一步重申台湾是中国的一部分的**事实和现状**,展现中国共产党和中国人民追求祖国统一的**坚定意志和坚强决心**,阐述中国共产党和中国政府在新时代推进实现祖国统一的立场和政策,特发布本白皮书。(《台湾问题与新时代中国统一事业》)

This new white paper is being released to reiterate **the fact** that Taiwan is part of China, to demonstrate the **resolve** of the CPC and the Chinese people and their **commitment** to national reunification, and to emphasize the position and policies of the CPC and the Chinese government in the new era.

同样,例(6)中"有步骤、分阶段"存在意义重复,英译中巧妙地使用短语动词 phase in 进行表达,实现语义融合。例(7)中"白衣执甲、逆行出征""义无反顾、坚定前行"等成语连用,中文读起来铿锵有力,但英译文应避免这种成语连用造成的意义重复,分别简化翻译为 rose to the challenge, showed no hesitation,更符合英文表达习惯,很好地传递了原文的意思。例(8)中,"事实和现状"语义重复,合并译为 fact,"坚定意志和坚强决心"中的修饰语在译文中则被省译为 resolve 和 commitment。

事实上,在对修饰语进行处理时英译常常需要使用减译策略。汉语习惯用形容词和副词增强语气,而英语更重简洁,因此如果不是特别需要强调,一些形容词和副词可考虑不译出,或通过语义融合进行处理。

(9) 在中华民族五千多年的发展进程中，追求统一、反对分裂始终是全民族的主流价值观，这一价值观早已**深深融入整个中华民族的精神血脉**。(《台湾问题与新时代中国统一事业》)

Throughout China's 5,000-year history, national reunification and opposition to division have remained a common ideal and a shared tradition of the whole nation.

(10) 全过程人民民主，实现了过程民主和成果民主、程序民主和实质民主、直接民主和间接民主、人民民主和国家意志相统一，是**全链条、全方位、全覆盖**的民主，是**最广泛、最真实、最管用**的社会主义民主。(《中国的民主》)

Whole-process people's democracy integrates process-oriented democracy with results-oriented democracy, procedural democracy with substantive democracy, direct democracy with indirect democracy, and people's democracy with the will of the state. It is a model of socialist democracy that covers **all aspects** of the democratic process and **all sectors of society**. It is **a true democracy that works**.

上面的两个例子就是通过语义融合减译修饰语的范例，译语更符合英语的表达习惯，句势方面的减损也得到弥补。

（三）明晰逻辑关系

政府白皮书与其他汉语时政文献一样，常使用主语省略句、流水句、排比句、长句等，翻译时需要厘清原文的逻辑关系，灵活处理，以更准确地传达原文语义。例如：

(11) 团结广大台湾同胞，排除"台独"分裂势力干扰阻挠，推动两岸各领域交流合作和人员往来走深走实。克服新冠肺炎疫情影响，坚持举办海峡论坛等一系列两岸交流活动，保持了两岸同胞交流合作的发展态势。(《台湾问题与新时代中国统一

事业》)

While countering interference and obstruction from separatist forces, **the CPC and the Chinese government** have called on the people of Taiwan to promote effective and in-depth cooperation and people-to-people exchanges in various fields across the Straits. Having overcome the impact of COVID-19, **we** have held a number of exchange events such as the Straits Forum, and maintained the momentum of cross-Straits exchanges and cooperation.

例(11)是典型的汉语无主长句,但在原文的整体语境中主语相对明确,形式上并列使用动宾结构,语义连贯。英译文中则添加了逻辑主语 the CPC and the Chinese government 和 we。同时,英译文对原文中形式上并列的动宾结构之间的真正逻辑语义关系进行显化,将 countering interference and obstruction from separatist forces 和 Having overcome the impact of COVID-19 放在从属结构中,凸显党和政府推进两岸交流的努力和成绩,很好地传递了原文意义。

(12) 我们愿继续以最大诚意、尽最大努力争取和平统一。我们不承诺放弃使用武力,保留采取一切必要措施的选项……(《台湾问题与新时代中国统一事业》)

We will work with the greatest sincerity and exert our utmost efforts to achieve peaceful reunification. **But** we will not renounce the use of force, and we reserve the option of taking all necessary measures.

(13) 实现两岸和平统一……不会损害任何国家的正当利益包括其在台湾的经济利益,只会给各国带来更多发展机遇,只会给亚太地区和世界繁荣稳定注入更多正能量……(《台湾问题与

新时代中国统一事业》)

Peaceful cross-Straits reunification... will not harm the legitimate interests of any other country, including any economic interests they might have in Taiwan. **On the contrary**, it will bring more development opportunities to all countries; it will create more positive momentum for prosperity and stability in the Asia-Pacific and the rest of the world...

在例 (12) 和 (13) 中,原文语义中包含的转折和对比关系在译文中分别通过增加 but, on the contrary 进行显化,逻辑关系更加清晰,体现英语的行文特点。

(14) 两岸关系和平发展、融合发展是通向和平统一的重要途径,是造福两岸同胞的康庄大道,需要凝聚两岸同胞力量共同推进。我们要在两岸关系和平发展进程中深化两岸融合发展,密切两岸交流合作,拉紧两岸情感纽带和利益联结,增强两岸同胞对中华文化和中华民族的认同,铸牢两岸命运共同体意识,厚植祖国和平统一的基础。(《台湾问题与新时代中国统一事业》)

Peaceful cross-Straits relations and integrated development pave the way for reunification and serve to benefit our people on both sides. **Thus**, both sides should work together towards this goal. We will extend integrated development, increase exchanges and cooperation, strengthen bonds, and expand common interests in the peaceful development of cross-Straits relations. **In this way**, we will all identify more closely with the Chinese culture and Chinese nation, and heighten the sense of our shared future. **This** lays solid foundations for peaceful reunification.

在例（14）的译文中，原文的逻辑关系被重新组合，第一长句被译成两个小句，增加 thus 表明两小句间的因果关系。第二个句子是典型的流水句，但动词"深化、密切、拉紧、增强、铸牢、厚植"之间并非简单的并列关系，实际上是要表达通过"深化、密切、拉紧"等手段而"增强、铸牢"，最终实现"厚植"之目的这一复杂的逻辑语义关系。因此，译文将其译为三个句子，前两句间增加 in this way 进行连接，显化两句之间的逻辑关系，最后一个句子用语篇指称词 this 作为主语，说明上述一切努力的目标。

（四）投射转换

在系统功能语言学里，投射主要涉及传统语法中的直接引语和间接引语，引用内容又有语辞（locution）和思想（idea）之区分。在政府白皮书的英译中，常见的处理办法是将源语中的直接引语（quote）翻译为间接引语（report）。例如：

（15）1937 年 5 月 15 日，毛泽东同志会见美国记者尼姆·韦尔斯时表示："中国的抗战是要求得最后的胜利，这个胜利的范围，不限于山海关，不限于东北，还要包括台湾的解放。"（《台湾问题与新时代中国统一事业》）

Talking with American journalist Nym Wales on May 15, 1937, Mao Zedong said that China's goal was to achieve a final victory in the war—a victory that would recover the occupied Chinese territories in Northeast China and to the south of the Shanhai Pass, and secure the liberation of Taiwan.

（16）美国声称"奉行一个中国政策，不支持'台独'"，但美国一些势力在实际行动上却背道而驰。（《台湾问题与新时代中国统一事业》）

The US authorities have stated that they remain committed to the one-China policy and that they do not support "Taiwan independence". But their actions contradict their words.

有时英译文中也会通过名词化、同位语等手段,巧妙地将原引语的内容进行重新组合。例如:

(17) 2017年10月,中共十九大确立了坚持"一国两制"和推进祖国统一的基本方略,**强调**:"绝不允许任何人、任何组织、任何政党、在任何时候、以任何形式、把任何一块中国领土从中国分裂出去!"(《台湾问题与新时代中国统一事业》)

At its 19th National Congress in October 2017, the CPC affirmed the basic policy of upholding *One Country, Two Systems* and promoting national reunification, and **emphasized its resolve never to** allow any person, any organization, or any political party, at any time or in any form, to separate any part of Chinese territory from China.

例(17)译文中将对中共十九大的直接引语转译为名词词组"its resolve never to..."。通过投射表达的转换,使译文更符合英语时政文献的表达习惯和行文风格。

(五)成语、比喻与典故的活译

成语、比喻、典故等是时政文献翻译的难点之一。政府白皮书英译本在处理成语和典故时常采取相对灵活变通的处理方式,很少直译。例如:

(18) 面对疫情,中国人民**万众一心、众志成城**,取得了抗击疫情重大战果。中国始终同各国紧紧站在一起,**休戚与共,并肩战斗**。(《抗击新冠肺炎疫情的中国行动》)

Confronted by this virus, the Chinese people **have joined** together as one and united their efforts. They have succeeded in containing the spread of the virus. In this battle, China will always stand together with other countries.

在例（18）中，两组成语"万众一心、众志成城""休戚与共，并肩战斗"均存在语义重复，译文对第一组成语意译为"joined together as one and united their efforts"，而对第二组则直接通过省译的办法进行处理。又如：

（19）人类政治文明的**百花园**之所以绚烂多彩，正是由于不同文明**各有千秋**。（《中国的民主》）
Political systems **vary** from civilization to civilization, and each **has its own strengths**.

译文中对比喻用法"百花园"直接省译，成语"绚烂多彩、各有千秋"也都没有直译，而是通过意义融合进行意译。同样，在例（20）中，"各美其美、美美与共"也是通过意译的方法进行处理。

（20）各国应坚持平等非歧视原则，相互尊重彼此的民主模式，既致力于本国探索，又加强交流互鉴；**既各美其美，又美美与共**，共同推动人类文明向前发展。（《中国的民主》）
All countries should uphold the principle of nondiscrimination, respect others' models of democracy, share experience with others, explore their own paths, and contribute their due share to human progress.

在例（21）中，成语"百废待兴、百业待举"语义重复，通过省略和意译的方法被译为 had to be rebuilt on the ruins of decades of war。"以'钢少气多'力克'钢多气少'",比喻生动形象、意味深长,但在英语中难以找到完全对等、自然的表达,只好通过意译的方法进行处理。成语"铮铮铁骨"也是采用了意译的处理办法。

(21) 新中国成立之初,在**百废待兴、百业待举**的情况下,中国共产党和中国政府紧紧依靠人民,**以"钢少气多"力克"钢多气少"**,赢得抗美援朝战争伟大胜利,捍卫了新中国安全,彰显了新中国大国地位,展现了我们不畏强暴、反抗强权的**铮铮铁骨**。(《台湾问题与新时代中国统一事业》)

Shortly after the PRC was founded, even though the country itself had **to be rebuilt on the ruins of decades of war**, China and its people won a resounding victory in the War to Resist US Aggression and Aid Korea (1950—1953). We **defeated a powerful and well-armed enemy through gallantry and tenacity**. In doing so, we safeguarded the security of the newly founded People's Republic, reestablished the status of China as a major country in the world, and demonstrated our **heroic spirit**, our lack of fear, and our will to stand up against the abuse of the powerful.

这类修辞手段在译语中的灵活再建,充分考虑到中英文之间的差异,更好地实现了外宣译本的传播效果和国际影响。

5. 讨论

从第四节的实例分析中可以看到,三部中国政府白皮书的英译采用了多种翻译策略,其根本目的在于有效传达政府白皮书的意图和思想。这些翻译策略的选择也体现出明确的功能思想和强烈的语篇意识。政府白皮书的英译过程中,译者时刻从语篇的全局统筹考虑,将白皮书整个语篇视为一个有机整体,语篇局部的翻译处理要服务语篇的大局。

系统功能语言学理论强调语言的社会符号功能,关注语篇产生的语境以及语域、语篇体裁与语言选择之间的密切联系。这与前文中提到的语篇翻译观是完全相通的。从语篇体裁角度来看,政府白皮书属于时政文献类,其目的在于表达、说明政府的政策主张、原则立场等,政治性极强。要准确表达白皮书的政治意图,译者就必须了解白皮书出台的背景、相关的国家政策与国际形势。因此,在翻译前对意义进行语境性的解读非常重要。如前文提到的《中国的民主》白皮书标题及部分章节小标题的变通翻译处理,显然与该白皮书出版的背景密切相关。又如,在《台湾问题与新时代中国统一事业》的英译本中,很多翻译上的变通都跟白皮书语篇的目的和政治意图有关。

(22) 我们不承诺放弃使用武力,保留采取一切必要措施的选项,针对的是外部势力干涉和极少数"台独"分裂分子及其分裂活动,绝非针对台湾同胞,非和平方式将是不得已情况下做出的最后选择。(《台湾问题与新时代中国统一事业》)

But we will not renounce the use of force, and we reserve the option of taking all necessary measures. This is to guard against external interference and all separatist activities. In no way does it target our fellow Chinese in Taiwan. Use of force would be the last resort taken under compelling circumstances.

(23) 美国声称"奉行一个中国政策,不支持'台独'",但美国一些势力在实际行动上却背道而驰。(《台湾问题与新时代中国统一事业》)

The US authorities have stated that they remain committed to the one-China policy and that they do not support "Taiwan independence". But their actions contradict their words.

在例（22）中，中文版的"非和平方式"被英译为 use of force 而不是 non-peaceful means，目的就是对预设受众毫不含糊地说明中国政府立场，有明确的针对性。当然，这样的处理也有衔接角度的考虑，可以与前文中 we will not renounce the use of force 形成重复关系。例（23）中原文"美国""美国一些势力"所指宽泛、模糊，但在英译中都被明确为 the US authorities（their），点名批评美国政府，政治意图明显。

从语域角度来看，政府白皮书中英文版在语场（field）方面应高度一致，不然就会导致信息传递的偏差和错误。语旨（tenor）方面的因素也同样重要，以忠实原文、准确达意为基础，要充分考虑受众的语言文化背景及其接受心理，兼顾英语的表达习惯和译文的可读性等关联因素，运用增译、省译、意译等方法进行灵活变通，实现较好的传播效果和国际影响。

最后，从译者培养和训练的角度看，外宣译者的政治素养和政治敏感度的提升非常重要。在翻译过程中要时刻注意政治性，坚持正确的政治立场。准确把握外译文本的要义、深入理解其背后的逻辑和政治意图，是做好翻译工作的第一步。同时，外宣译者还要具有全球视野，了解国际形势，关注各方面的国际舆论及国际热点问题，熟悉目的语国家的话语体系、时政文本的语篇特征，做到知己知彼，才能有针对性地构建中国话语体系，更好地实现形象自塑。当然，译者的中外文驾驭能力，坚实的中外文功底是做好外宣翻译的根本保障。总之，合格的外宣译者应该是习近平总书记所说的具有"家国情怀、有全球视野、有专业本领的复合型人才"。

参考文献

Chang, C. G. Modeling Translation as Re-instantiation [J], *Perspectives*, 2018, 26(2): 166 – 179.

Halliday, M. A. K. Comparison and Translation [M]// M. A. K. Halliday, A. McIntosh & P. D. Strevens (eds.) *The Linguistic Sciences and Language Teaching*. London: Longmans, 1964: 111 – 134.

Halliday, M. A. K. Language Theory and Translation Practice [J]. *Rivista internazionale di tecnica della traduzione*, 1992 (0): 15 – 25.

Halliday, M. A. K. Pinpointing the Choice: Meaning and the Search for Equivalents in a Translated Text [M]// A. Mahboob & N. Knight (eds.) *Appliable Linguistics: Texts, Contexts and Meanings*. London: Continuum, 2010: 13 – 24.

Matthiessen, C. M. I. M. The Environment of Translation [M]// E. Steiner & C. Yallop (eds.) *Exploring Translation and Multilingual Text Production: Beyond Content*. Berlin & New York: Mouton de Gruyter, 2001: 41 – 124.

冯全功. 语篇翻译与语篇翻译教学整合论 [J]. 当代外语研究, 2015 (2): 63 – 77.

冯全功. 原型理论观照下的翻译单位辨析 [J]. 中国翻译, 2021 (1): 21 – 29.

黄友义. 从"翻译世界"到"翻译中国": 对外传播与翻译文集 [M]. 北京: 外文出版社, 2022.

司显柱. 论语篇作为翻译的基本单位 [J]. 中国翻译, 1999 (2): 14 – 17.

Translation for the International Communication of China: A Functional-Contextual Discussion
Chang Chenguang

Abstract: As China attempts to strengthen its international communication capacity, there is now a shift in emphasis from "translating the world" to "translating China". Documents released by the Chinese government explain our national policies and express China's stance on important issues, so their translations play a crucial role in international communication. This paper takes as data the three white papers released by the Chinese government in recent years and their official English translations, compares the Chinese and English versions, and explores the translation strategies used in the translated versions. It will be shown that the use of these strategies can be seen as being motivated by functional principles, such as the focus on meaning, the emphasis on communication meaning in context, the attention to cultural and linguistic differences, and so on. Implications for translator training are also briefly discussed.

Key words: translation for international communication, white paper, function, context

New Development in Applying Systemic Functional Linguistics to Translation Studies: Theory and Methodology

Yu Yingchen[*]

Abstract: This study aims to investigate the recent development of applying Systemic Functional Linguistics (hereafter SFL) in translation studies from theoretical, and methodological perspectives. In terms of theory, instantiation and individuation are revisited with the recently developed concepts and a model integrating products, process and participants of translation. Regarding methodology, the deepening interrelationship between technology and SFL-minded translation studies is examined, especially concerning computational modelling and corpus-based approaches. Both theoretical and methodological development allow for a comprehensive model to incorporate text analysis, translation process and in-depth investigation of the translator's subjectivity.

Key words: SFL, instantiation, individuation, translation process, subjectivity, computational modelling, corpus

---

[*] Yu Yingchen (于迎晨), 中山大学外国语学院博士研究生。研究方向：系统功能语言学、语篇分析。

1. Introduction

Systemic Functional Linguistics (hereafter SFL), as an appliable linguistics, provides a comprehensive and theoretically powerful model of language (Halliday, 2008), and has been applied in a wide range of areas, such as pedagogy, language typology, stylistics, forensic linguistics, computational linguistics, clinical linguistics and ecolinguistics. While the application of SFL in translation studies has been thriving since the 1950s (e.g., Halliday, 1956; Catford, 1965), this century witnesses a renewed interest in the SFL-minded translation studies, marked by its flourishing theoretical development (e.g., Steiner & Yallop, 2001), engagement with diversified genres (e.g., Huang, 2006; Li, 2022), multilingual orientation (e.g., Matthiessen, 2008) and benefits from new techniques (e.g., Steiner, 2012).

This study investigates the application of SFL in translation studies from the perspectives of theory and methodology, also exploring possibilities for future research in this field. In terms of theoretical development, this study focuses on instantiation and individuation as the two complementary dimensions to realization, which enable the study of translation products, translation process, and participants within a single architecture. In terms of methodological advancement, this study examines the recent research adopting computational techniques, focusing on computational modelling and corpus-based approaches. Then the contributions made by theoretical and methodological development are discussed along with implications for further study.

2. Instantiation and individuation as the complementary dimensions in SFL-minded translation studies

SFL models the architecture of language as a system extending from the ordered typology of systems to the axial organization of a rank within a given stratum (Matthiessen, 2007), whereas the primary focus has been on two hierarchies—realization and rank, and two complementarities—metafunction and axis (Martin, 2008a, 2008b). Comparatively, as two complementary dimensions, instantiation has received attention recently in presenting the process of semogenesis (e. g., Halliday & Matthiessen, 1999: 382 – 387), whereas individuation remains insufficiently explored. This section introduces the concepts of instantiation and individuation, and their application in translation studies.

2.1 Instantiation and translation studies

As language is modelled as metaredundant strata, across which the relationship is realization, the exploration of instantiation offers an alternative perspective: the relationship between potential and instance, i.e., general system and particular texts (Halliday, 1973: 25 – 37). Instantiation is theorized as a cline along which the two poles are defined by system of the overall potential of a language and text of a particular instance. Between the two poles are the intermediate patterns within language: registerial sub-potentials viewed from the system pole or instance types viewed from the instance pole (Halliday & Matthiessen, 2014: 29). Martin and White (2005: 25) extend the cline of instantiation by adding the notion of reading, highlighting that text themselves are more than enough meaning potential to be read in different ways. Thus, the instance pole is extended to the meaning interpreted from the text according to a reader's subjectivity.

Concerned with the process of instantiation, concepts of coupling, commitment and iconization are proposed for interpretation in a theorized way. Coupling refers to how meanings combine as coordinated choices from system networks (Martin, 2008a: 39), which can be within and across strata, metafunctions, ranks, and simultaneous systems, as well as across modalities. Commitment refers to "the amount of meaning potentials activated in a particular process of instantiation" (Martin, 2008a: 45), and "the degree of specificity of the meaning instantiated in a text" (Martin, 2010: 20). Iconization refers to "the process of instantiation whereby ideational meaning is discharged and interpersonal charged", which is easier to be found "in the context of images, artifacts and people" as well as in "the genesis of playful headlines, metaphors and idioms" (Martin, 2010: 21). Iconization is elaborated by Martin's (2010) case study of a magazine column entitled "Modern Guru" for responding to readers' questions about "21st-century ethics, etiquette and dilemmas". He suggests that whereas the image of the third eye is less than an eye representationally in the sense that most people would not expect to meet a person with three eyes and the column writer is looking at them through the third eye, it is more than an eye symbolically because it symbolizes enlightenment, and thus the column writer is endowed with spiritually powered wisdom for giving advice.

Since the earliest research of translation studies from the perspective of instantiation by Matthiessen (2001) and Steiner

(2001), the development of applying instantiation is twofold: one refers to locating translation at the instance pole of instantiation included in the range of multilingual studies; the other refers to modelling translation as a process of (re-)instantiation.

2.1.1 Locating translation at the cline of instantiation

Matthiessen (2001) investigates the contextualization of translation from the four ordered systems (biological, physical, social and semiotic), positioning translation along the six dimensions that organize language in context—stratification, instantiation, rank, metafunction, delicacy and axis. Based on this contextualization, Matthiessen locates translation at the instance pole of instantiation, emphasizing the importance of the overall linguistic system they instantiate, as "translation of the instance always takes place in the wider environment of potential that lies behind the instance" (Matthiessen, 2001: 87). Adapting Halliday's (1995/2005) stratification-instantiation matrix, Matthiessen proposes a complex of stratification-instantiation matrix to interpret their relationship in translation (see Figure 1). It is suggested that, whereas translation can be located at one end of the cline of instantiation, it takes place throughout the hierarchy of stratification (Matthiessen, 2001: 89-92).

Drawing attention to the relationship between translation and multilingual generation, Steiner (2001) refers to translation as a relationship between instantiations (texts), i.e., the text generation under the constraints of a source text (hereafter ST), rather than a relationship between language systems. Likewise, Matthiessen and some scholars (e.g., Matthiessen, 2021; Matthiessen, Teruya & Wu, 2008; Matthiessen et al., 2022) regard instantiation as one of the global semiotic dimensions to explore translation as a semiotic process within the field of multilingual studies (see Figure 2).

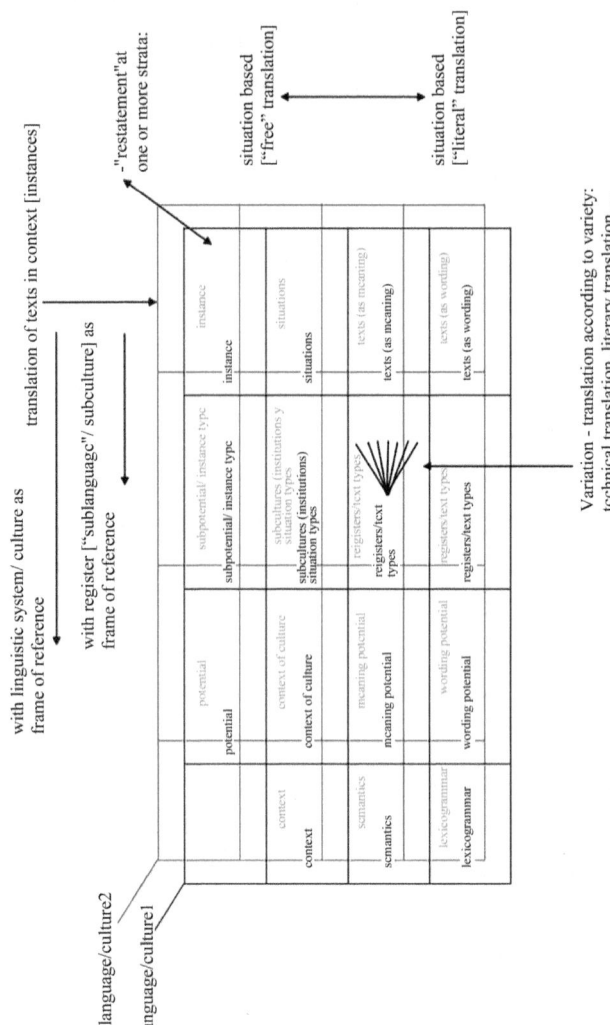

Figure 1 Instantiation in relation to translation
(Matthiessen, 2001:92)

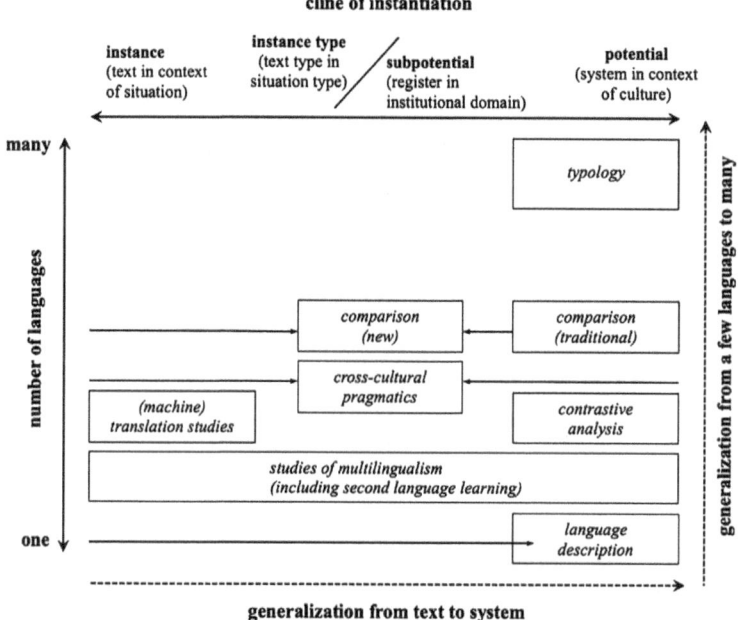

Figure 2　Phenomenal realm in multilingual studies
(Matthiessen, Teruya & Wu, 2008: 149)

2.1.2　Modelling translation as a process of re-instantiation

Assisted by computational tools, translation, as a semiotic process, or specifically as a linguistic process in the first instance (Matthiessen et al., 2022: 238), is illuminated by the computational models of the process of instantiation (e.g., Matthiessen, 2001: 92; Teich, 2003: 60; Martin & White, 2005: 25; Halliday & Matthiessen, 2014: 50). According to these models, translation starts with the instance pole of the cline of instantiation, i.e., the ST in its context of situation, moves towards the system pole, recreating the meanings in the source language (hereafter SL) and in the target language (hereafter TL), then moves down the cline of instantiation again, and ends with the instance pole of the cline of instantiation, i. e., the translated text in its context of situation (Matthiessen et al., 2022: 241). As a complex and phased process unfolding through time, the model of instantiation is adopted in a series of translation studies in different registers.

Exploring translation from a three-complementary-dimension perspective, de Souza (2010, 2013) focuses the study on the dimension of instantiation. Translation is defined as a reconstruction of ST's meaning potential in target texts (hereafter TTs), comprising semantic relations between an ST which maintains an instantial relation to the SL system, and a TT which maintains an instantial relation to the TL system. Adopting Martin's (2008a: 50) term of distantiation (moving up the cline to recover meaning potential), de Souza (2010) addresses translation as a process of re-instantiation and outlines the possible path (see Figure 3): starting at the ST, a single move goes up the SL cline to the relevant potential, then reaches a straight connection to a corresponding subpotential in the TL line, and finally goes down the TL cline to the TT. This model is adopted by Martin and Quiroz (2021) in discussing the systems of tense in Chilean Spanish and English.

In re-examining the concept of translation equivalence, Yang (2015, 2017) proposes a process model to reveal translation process as interlingual re-instantiation, categorizing the sources and information processed by the translator as encoded information (indicated by solid lines) provided by ST as discourse meaning and subliminal information (by dotted lines) contributing to the success of translation (See Figure 4). The complexity of interlingual re-instantiation reflected in this model requires the translator's subjectivity

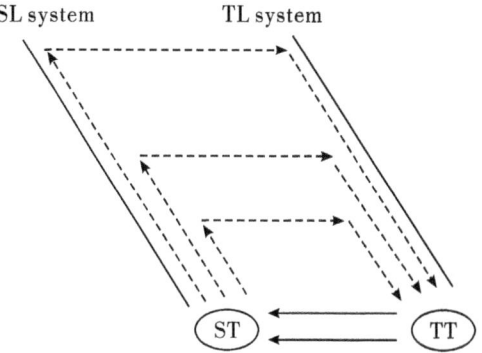

Figure 3　The model of interlingual re-instantiation
(de Souza, 2010: 169)

in making inferences to comprehend ST and rhetorical maneuvering when constructing TT, which is illustrated by a case study of sinology classics *Tao and Teh* (*Dao De Jing*) and its two English translations.

Concerned with the social subjectivity of readers, Chang (2018) investigates how the ST has been differently re-instantiated in the TTs by a case study of Jane Austen's novel *Pride and Prejudice* and its translated versions, focusing on different degrees of commitment in the process of instantiation. It is noted that the TTs are differently committed both ideationally and interpersonally, and among the TTs themselves there are significant differences in the amount of meaning potential activated.

From the perspective of re-instantiation, Chen and Huang (2019) explore the "thick translation" (c.f. Appiah, 2012: 331 – 343) of an ethnographic classic of Zhuang ethnic minority, focusing on its multimodal annotations within the context of situation. The study demonstrates what distinguishes the annotations of ethnographic

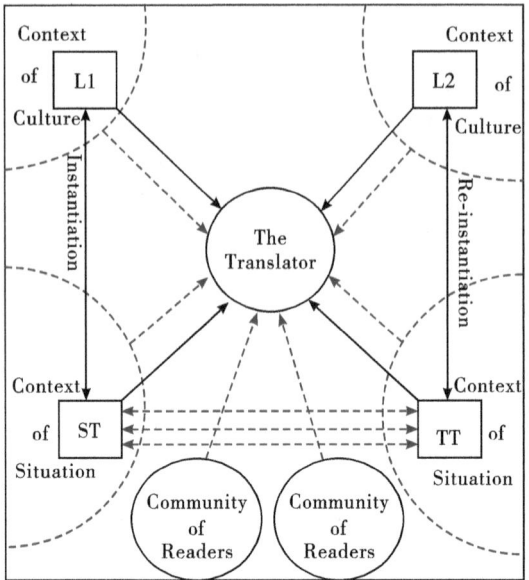

Figure 4 A process model of translation as re-instantiation
(Yang, 2015: 23)

translation in the aspects of translation activity, translator's identity, and the way of translation. In terms of field, translation as a social semiotic activity turns from "recreation" to "interpretation"; in terms of tenor, the identity of the translator turns from a cultural communicator to an ethnographer; and in terms of mode, the annotations adopt a multimodal way instead of a mono one. Meanwhile, it is found that each modality contributes to the professional interpretation of original texts cooperatively, forming a process of professional knowledge construction through translation.

Through a detailed analysis of title translation in *Xi Jinping: The Governance of China*, Zhao (2020) explores how the meaning of the

TT is reconstructed during the process of re-instantiation. Translation strategies and techniques employed by translators are revealed, including regulating commitment, adjusting appraisal meanings, omitting rhetorical devices, and shifting coupling patterns. Meanwhile, it is found that translators' choices of lexical and grammatical expressions are accommodated to the norms of the TL, contributing to the acceptance of translation in target readers.

2.2 Individuation and translation studies

Whereas instantiation refers to the relationship between system of meaning potential and instance of use, individuation specializes the meaning potential that the language user can use, emphasizing "the development of persons as aggregates of personae emerging as they interact with people in different groups" (Matthiessen et al., 2022: 171).

Martin and several scholars (e.g., Martin, 2006, 2008a, 2008b, 2009, 2010; Martin et al., 2013; Martin & Quiroz, 2021) develop individuation as a cline of the reservoir of meanings in a culture and the repertoire that an individual can mobilize, based on Bernstein's (2000) sociological work on coding orientation and Hasan's (2005, 2009) researches on semantic variation.

The cline of individuation is illustrated along two opposing trajectories (see Figure 5): from reservoir to repertoire, individuation is interpreted as allocation "whereby semiotic resources are differentially distributed among users" (Martin et al., 2013: 489); from repertoire to reservoir, it is interpreted as affiliation related to "how personae mobilize social semeiotic resources to affiliate with one another" (ibid), or more specifically, how personae "align themselves into sub-cultures, configuring master identities, and constituting a culture" (Martin, 2010: 24).

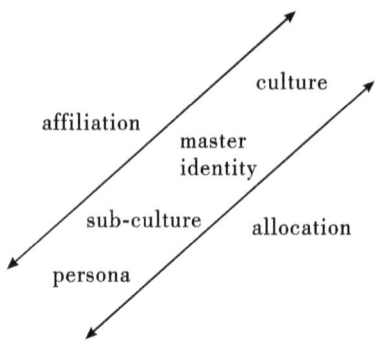

Figure 5　The cline of individuation
(Martin et al. 2013: 490)

Affiliation and alignment, notions from psychology and sociology, offer a complementary perspective on individuation (Matthiessen et al., 2022: 171). For further exploration of individuation, the concepts of bond and bonding are proposed. Bonding is a process of creating a bond, a technical term for the social relation generated as interlocutors negotiate a particular shared coupling of experience with evaluation in language (Martin et al., 2013: 470). During the process of affiliation, i.e., the communal identification of participants into communities of bonds (Knight, 2010: 35), bonds form the basic building blocks of the individuation hierarchy which then cluster into the subcultures and master identities to which community members subscribe (Martin, 2010: 26). Combined with iconization, bonds become bonding icons, or bondicons for short, referring to the stronger and less-negotiable bonds—the symbols around which members establish their membership, such as allusions being verbal bondicons, one of the "membershiping devices" (e. g., Caple, 2010: 117; c. f. Chang, 2004).

A few studies have drawn attention to translation studies from the perspective of individuation. Wang and Yang (2015) propose a new approach to translation studies based on the cline of instantiation, regarding translation activities as a series of processes including de-individuation, re-individuation, and affiliation (see Figure 6).

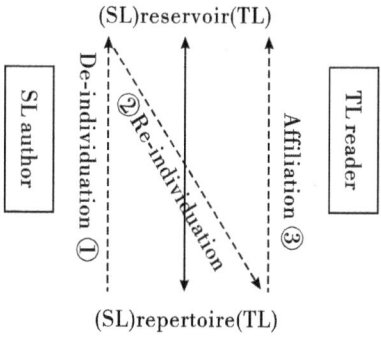

Figure 6　Translation process of individuation
(adapted from Wang and Yang, 2015: 32)

According to this model, a translator first aligns him/herself with the SL author to regress SL repertoire (i. e., ST) into SL reservoir through de-individuation, examining the intersection between SL reservoir and TL reservoir, then re-individuates it into TL repertoire (i. e., TT), and aligns with the TL reader through affiliation.

Furthering the exploration of translation in terms of individuation, Wang (2015, 2017) highlights the gender of the translator as the most significant individual factor in a case study of the English translations of *Tao Te Ching* (*Dao De Jing*). Through investigation of lexical density and grammatical intricacy, it is found that female and male translators differentiate themselves in choices of words, syntactic patterns, and mood, which result in different translation styles collaboratively.

2.3 Realization, instantiation and individuation: a three-dimensional model of translation

The clines of instantiation and individuation are adopted into SFL-minded translation studies as complementary dimensions. De Souza (2010, 2013) establishes a three-dimensional model of translation as interlingual re-instantiation, taking into account the abstract language systems involved (SL and TL), the concrete use of such language systems (in forms of STs and TTs), and the users of such systems (especially translators as readers and writers), concerned with the hierarchies of realization, instantiation, and individuation respectively (see Figure 7). By investigating how TTs are semantically related to STs, de Souza (2013) interprets the process of re-instantiation as language users negotiating STs' meanings according to their repertoires.

Wang (2016, 2018) specifies the three-dimensional model of complementary hierarchies in terms of language system, language use, and language user, regarding translation as a process of inter-lingual re-instantiation where realization and individuation are two indispensable factors (see Figure 8). In this process, meaning is negotiated between language users (i.e., author, translator, and reader) via specific language use (i.e., ST and TT) of two language systems (i.e., SL and TL). This process is illuminated by a case study of English translations of *Tao Te Ching* (*Dao De Jing*), offering a comprehensive perspective of translation within an overall architecture.

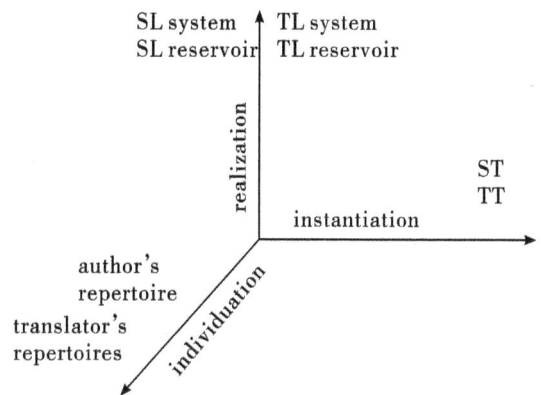

Figure 7 A three-dimensional model of translation
(de Souza, 2013: 581)

In the investigation of Buddhist scripture translation, Wang (2021) applies the hierarchies of individuation and instantiation as two complementary perspectives to explain the equivalence and differences found in the cross-comparison of the Sanskrit ST the *Heart Sutra* and its English and Chinese TTs. In terms of instantiation, it is demonstrated that the translators go along different re-instantiation routes in finding corresponding potentials between the ST and their respective TTs (see Figure 9), due to lacking equivalent potentials at the cline of instantiation. In terms of individuation, the study shows English and Chinese translators' personal and social identity—the English translator as a Buddhism scholar and the Chinese translator as a Buddhist master—has an immediate influence on their respective reproductions of the text (see Figure 10).

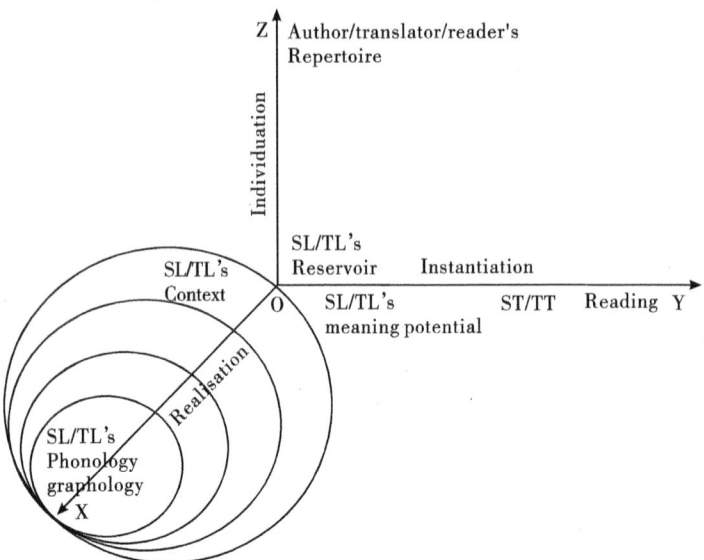

Figure 8　Translation as realization, instantiation, and individuation
(adapted from Wang, 2018: 87)

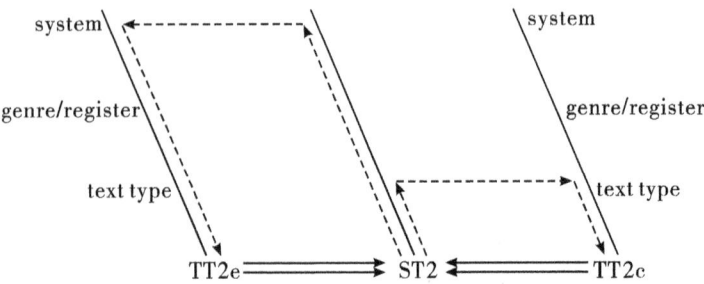

Figure 9　Distantiation and re-instantiation routes for the two translations
(Wang, 2021: 240)

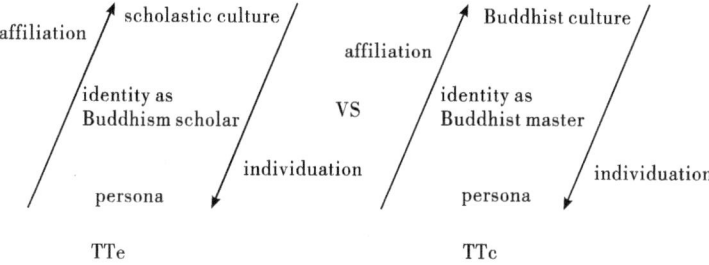

Figure 10　Individuation and affiliation path for the two translations
(Wang, 2021: 243)

3. Methodological development in SFL-minded translation studies

The interrelationship between translation and technology is deepening in the age of accelerating technological advancement. The forerunning studies of SFL with technological methods are Halliday's early contributions to the computational modelling of translation (e. g., Halliday, 1956, 1962). As it is extended along with technological developments, SFL-minded translation study will be examined in terms of computational modelling of linguistic process, including tools for text analysis, and corpus-based method in this section.

3.1　Computational modelling

Translation, as a semiotic process, or specifically as a linguistic process in the first instance (Matthiessen et al., 2022: 238), is illuminated by the computational models of the process of instantiation (e. g., Matthiessen, 2001: 92; Teich, 2003: 60; Martin & White, 2005: 25; Halliday & Matthiessen, 2014: 50). According to these models, translation starts with the instance pole of the cline of instantiation, i.e., the ST in its context of situation, moves towards the system pole, recreating the meanings in the SL and in the TL, then moves down the cline of instantiation again, and ends with the instance pole of the cline of instantiation, i.e., the translated text in its context of situation (Matthiessen et al., 2022: 241). Therefore, it is a complex and phased process unfolding through time rather than a single process of meaning transfer or message transmission.

The initial and final phases of translation as instantiation, i.e. translation products including both STs and TTs (Matthiessen, 2021: 531, 538), can be explored by a number of computational tools developed for text analysis, enabling and facilitating the automatic or semi-automatic analysis of large volumes of texts, such as SysAm (Wu, 2000), SysConc (Wu, 2009), SysFan (Yu & Wu, 2017), UAM CorpusTool (O'Donnell, 2008), and the Multimodal Analysis Image Software (O'Halloran et al., 2016).

Translation process, the move in instantiation from source to target, can be studied "from below" in terms of the ordered typology of systems, as a material phenomenon by TAPs (think-aloud protocols), tracking translators' keystroke logging and eye movement, and computational analysis of process data (Matthiessen, 2021: 531; Jakobsen, 2014, 2017). For example, with a systemic functional perspective and through analyzing the process data of key logging and eye tracking, Alves (2011) examines the translator's choices in effortful translated text production to identify grammatical metaphor, providing a perspective for human translators' cognitive processes and a potential source for modeling meaning construction during the translation process.

3.2 Corpus-based studies

It's a tradition for SFL to use the corpus-based approach to investigate language and linguistic phenomena, which can date back to Halliday's PhD research (1959) on Chinese. Sinclair (1987, 1990) continued the corpus-based research and built up the COBUILD corpus cooperated with HaperColins Publisher, the largest collection of English-in-use data. The incorporation of corpus-based method is evident throughout the development of the SFL framework (Wu, 2009; e.g., Halliday, 1992; Hasan & Cloran, 1990; Matthiessen, 1999).

In SFL-minded translation studies, corpora have been increasingly utilized to study translation as an empirical phenomenon. For example, Baker (1993, 1995, 1996) explores the applicability of corpora to study translation as an empirical phenomenon and argues that corpus-based studies will provide a powerful impetus to theoretical research in this field.

In the further application of corpora, corpus-based contrastive translation studies have been conducted to differentiate typological differences between SL and TL. Teich (2003) lays a foundation for corpus-based contrastive translation studies between English and German, differentiating typological differences reflected by the different lexical-grammatical features between SL and TL. Quantitative research in linguistic choices between ST and TT in terms of relative frequency distributions of lexico-grammatical features helps identify preferences for particular co-occurrences of lexico-grammatical features and interpret them as indicators of register variation.

In developing corpora, Steiner and his coworkers have been

working on multilingual corpora and building CroCo (Crosslinguistic Corpora for Translation) with one million words, consisting of eight text types and including both STs and TTs (Hansen-Schirra et al., 2012). By CroCo, the research emphazes the properties of translated texts, in particular explicitation (e.g., Steiner, 2008, 2012). Then GECCo (German English Contrasts in Cohesion) is built as an extension of CroCo, with a broadened span of text types (e.g., Kunz et al., 2017). By GECCo, English and German registers are compared in terms of cohesion as a factor contributing to differences between "translation varieties" (e.g., Kunz and Steiner, 2012, 2013; Lapshinova-Koltunski, 2017; Kunz et al., 2021).

Furthermore, corpora have been constructed for specific text types, such as parallel corpora for Chinese classics (e.g., Chen, 2017), multimodal tourism texts (e.g., Hu et al., 2022), and legislative texts (e.g., Jiang & Yang, 2013), providing sufficient resources to investigate a broad range of translation issues. For example, the CEPCOCN (Chinese-English Parallel Corpus of Modern and Contemporary Chinese Novels), covering original and translated texts by different authors and translators since 1900 (including different translated texts of an ST), provides sufficient resources applied for various issues in novel translation, such as translation style, translator's style and translation for narratives (Huang, 2014). In studying individual translators' choices and strategies, Johansson (2007: 20) utilizes shadow translation to initiate an English-Norwegian bidirectional parallel corpus with multiple translations by professional translators of the same ST. This approach is based on Matthiessen's (2001: 83) proposition of shadow translation as an agnation along the paradigmatic text, where a given translation of the ST is related to a set of possible alternative translations defined by the systemic potential of the TL.

4. Discussion: translation process, products and participants—a comprehensive model facilitated by theoretical and methodological development

SFL offers an appliable model informing translation studies. Over the past decades, it has been flourishing with a wide range of research on translation products. Based on the review of the theoretical and methodological development in SFL related to translation studies, this section discusses the expanded potential in translation studies of translation process and participants and offers implications for further development.

4.1 Exploring translation process—modelling translation along the cline of instantiation

Translation process is a series of simultaneous choices among meaning potentials in multi-dimensional systems, and translation products are the results of all those choices. Locating translation at the instance pole provides a magnifying perspective on viewing translation as from a linguistic phenomenon within the architecture of language in context, to a semiotic phenomenon in semiotic systems which offer multilingual meaning potentials as the meaning-making resources of two or more languages, connecting translation with other systems in an ordered typology (e.g., Matthiessen, 2001, 2007). As the development from the dichotomy of the relationship between system and instance to a cline of a continuum illuminated by the computational models (e.g., Martin & White, 2005: 25), instantiation offers great explanatory power to exploring the nature of translation, a guided meaning-creating activity, as a phased process of re-instantiation.

Concerned with the intermediate phases along the process, the cline of instantiation offers theorized scales such as registerial subpotentials and text types, contributing to explain how far the cline towards the potential pole a translator moves up during the process of (distantiation and) re-instantiation (e.g., de Souza, 2013; Chang, 2018). Meanwhile, as translation is a linguistic process in its first instance, modelling translation as a process of re-instantiation complements the studies of translation process "from below" as a material process or as a cognitive process by keystroke logging and eye-movement tracking (e.g., Alves et. al., 2011).

ST and TT as translation products which locate in the initial and final phases of translation as instantiation has been investigated thoroughly by text analysis (Matthiessen, 2021: 531), and can be further explored with an approach of "SFL-informed corpus-assisted discourse analysis" (Chang, 2020: 255), which enables the powerful theoretical orientation of SFL combined with the quantitative methodology by various computational tools facilitating automatic or semi-automatic analysis of large volumes of texts. See SysAm (Wu, 2000), SysConc (Wu, 2009; Li & Wu, 2019), SysFan (Yu & Wu, 2017), UAM CorpusTool (O'Donnell, 2008), and the Multimodal Analysis Image Software (O'Halloran et al., 2016).

4.2 Exploring translator's subjectivity—modelling translation along the cline of individuation

Translation is a guided meaning-making activity (Halliday, 1992: 15), a process of re-instantiation where the translator utilizes the ST as the meaning potential. During this process, the translator is influenced by various social and cultural factors, such as "universe discourse", patronage system, translator's ideology, SL, and TL (Lefevre, 1992: 15 - 99). Additionally, the translator also subjectively interprets the ST to cater to the TL readers, the translator needs to re-read, recreate, or rewrite the ST at the linguistic level. The cline of individuation is useful to elucidate the translator's subjectivity during the process of translation.

The generation of translated texts is influenced by the translator's individuation process, which refers to how the translator recognizes the original author's individual resources in the ST according to SL resources of the translator's repertoire and realizes those recognized resources within the TL resources in his repertoire to align the TL readers, thereby establishing the affiliation with the target reader communities. Translators with different master identities and cultural backgrounds will translate the same ST into translations imprinted with their identical features. Different target reader communities that they align with will also affect the way translators establish affiliation, reflected in different choices of lexico-grammatical resources, and ultimately result in differences in translations. The translator's individuation process is illustrated in Figure 11.

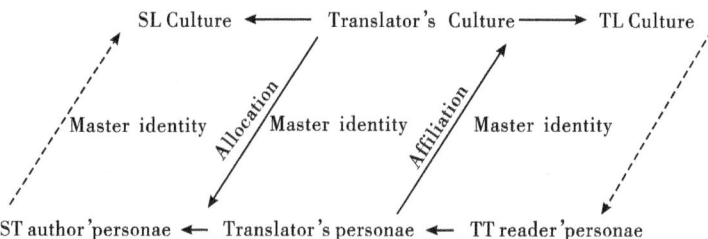

Figure 11 Translator's process of individuation

Along the affiliation trajectory of the cline, the translator's personae and identity (e. g. , gender, ethics, social class) play a crucial role in logogenesis process and products of translation, as the TTs are endowed with their personae and their rendering is dependent on their identities, serving to explore translator's subjectivity and intervention.

Meanwhile, moving along the affiliation trajectory facilitates illumination of the process in which the translator aligns other language users into communities of various kinds, such as aligning the original author in authorship and aligning the target reader in a target readership. This process can be investigated by the concept of bond, serving as the basis of the relationships for the formation of communities, and created by couplings of experience with evaluation (Martin, 2010: 26). As the original text is written for and belongs to a community, what kind of the community a translator is targeting at motivates the translator's linguistic choices and translation strategies.

The relationship between a translator's choices and the socio-cultural context has been a topic of discussion, as the choices made by translators are not merely personal preferences but are driven by the profound motivations of the social and cultural milieu. During the process of translation, the translator has to navigate various social and cultural factors that impose constraints on the translation process and select their cultural stance (Xu, 2002: 66). While the translator's choice reflects their master identity, there is still a dearth of systematic and quantitative discussions regarding how the social and cultural context influences the translator's choice. Research on the process of translators' individuation provides an intuitive understanding of how socio-cultural context impacts a translator's choices. In a specific socio-cultural context, translators with different master identities make diverse lexico-grammatical choices and select meaning resources at varying levels. They allocate resources accordingly to cater to their respective TL reader groups and produce translations that exhibit different styles.

Taking a certain translator's translations as his or her repertoire offers sufficient resources for analysis of the translator's and translation's styles. So far, the development of corpus technology has enabled us to examine the comparative analysis of different translations originated from the same ST (e. g., Johansson, 2007: 20), to probe genre differences and translation varieties (e. g. Kunz & Steiner, 2012, 2013), and to explore contrastive translation studies within a specific genre (e. g., Chen, 2017) or from a typological perspective (e. g., Teich, 2003). A corpus of a certain translator's or some translators' translations facilitates a more extensive understanding or systematized visualization of the impact of culture on the translator's subjectivity during the translation process reflected in lexico-grammatical choices.

5. Conclusion

SFL, as an appliable linguistics, offers a powerful toolkit for translation studies, as its theoretical dimensions enable detailed language descriptions and comparisons, analysis, and interpretations of translation studies. Tracing the theoretical and methodological development in SFL, this study offers a detailed review of applying instantiation, individuation, and a three-dimensional model in the field of translation studies, as well as the techniques and methods assisting the research. It is shown that the recent development of instantiation and individuation expand the spectrum of perspectives for

SFL-minded translation studies: modeling translation as re-instantiation extends the studies of translation process as a linguistic process; the exploration of the cline of individuation affords to interpret the differentiation of translator's choice and strategies in terms of individuality and trajectories of allocation and affiliation; the development of the three-dimensional model enables the study of translation, translation process and individual (and community) involved (translator, author and reader) within one comprehensive architecture. Aided by computational tools for modelling and text analysis, and the development of corpus techniques, translation process, products and participants are systematized into one architecture, enabling a large spectrum of data for analysis, visualizing the translation process as interlingual instantiation, and elucidating translator's choices and subjectivity impacted by their master identities of a certain culture and the aligned reader communities of the same culture or the other.

References

Alves, F., Pagano, A. & da Silva, I. L. Modelling (Un)packing of Meaning in Translation—Insights from Effortful Text Production [C]. *Human-Machine Interaction in Translation: Proceedings of the 8th International NLPCS Workshop*, 2011: 153 – 163.

Appiah, K. A. Thick Translation [M]// L. Venuti. (ed.) *The Translation Studies Reader*. 3rd ed. London: Routledge, 2012: 331 – 343.

Baker, M. Corpus Linguistics and translation Studies: Implications and Applications [M]// M. Baker, G. Francis & E. Tognini-Bonelli. (eds.) *Text and Technology—In Honour of John Sinclair.*

Amsterdam: John Benjamins, 1993: 233 – 250.

Baker, M. Corpora in Translation Studies: An Overview and Some Suggestions for Future Research [J]. *Target*, 1995, 7 (2): 223 – 243.

Baker, M. Corpus-based Translation Studies: The Challenges That Lie Ahead [M]// H. Somers. (ed.) *Terminology, LSP and Translation—Studies in Language Engineering in Hohour of Juan C. Sager*. Amsterdam: John Benjamins, 1996: 175 – 186.

Bernstein, B. *Pedagogy, Symbolic Control and Identity: Theory, Research, Critique*[M]. London: Taylor & Francis, 2000.

Caple, H. Doubling-up: Allusion and Bonding in Multisemiotic News Stories [M]// M. Bednarek & J. R. Martin. (eds.) *New Discourse on Language*. London: Continuum, 2010: 111 – 133.

Catford, J. C. *A linguistic Theory of Translation* [M]. London: Oxford University Press, 1965.

Chang, C. *English Idioms and Interpersonal Meaning* [M]. Guangzhou: Sun Yat-sen University Press, 2004.

Chang, C. Modelling Translation as Re-instantiation [J]. *Perspectives*, 2018, 26(2): 166 – 179.

Chang, C. The Synergy of Systemic Functional Linguistics and Corpus Linguistics [M]// J. Schmied, C. Chang & M. Hofmann. (eds.) *Working with Discourse—Corpus and Systemic Functional Perspectives*. Göttingen: Cuvillier Verlag, 2020: 249 – 258.

de Souza, L. M. F. *Interlingual Re-instantiation: A Model for a New and More Comprehensive Systemic Functional Perspective on Translation* [D]. Florianopolis: Federal University of Santa Catarina, 2010.

de Souza, L. M. F. Interlingual Re-instantiation—A New Systemic Functional Perspective on Translation [J]. *Text & Talk*, 2013, 4

(5): 575-594.

Halliday, M. A. K. The Linguistic Basis of a Mechanical Thesaurus [J]. *Mechanical Translation*, 1956, 3(3): 81-88.

Halliday, M. A. K. *The Language of the Chinese Secret History of the Mongols*. Oxford: Basil Blackwell, 1959.

Halliday, M. A. K. Linguistics and Machine Translation [J]. *Zeitschrift für Phonetik, Sprachwissenschaft und Kommunikationsforschung*, 1962(15): 145-158.

Halliday, M. A. K. *Explorations in the Functions of Language* [M]. London: Edward Arnold, 1973.

Halliday, M. A. K. Language Theory and Translation Practice [J]. *Revista international di te tecnica della traduzione*, 1992(0): 15-25.

Halliday, M. A. K. Working with Meaning: Towards an Appliable Linguistics [M]// J. J. Webster. (ed.) *Meaning in Context: Implementing Intelligent Applications of Language Studies*. London: Continuum, 2008: 7-23.

Halliday, M. A. K. & Matthiessen, C. M. I. M. *Construing Experience Through Meaning: A Language-based Approach to Cognition* [M]. London: Cassell, 1999.

Halliday, M. A. K. & Matthiessen, C. M. I. M. *Halliday's Introduction to Functional Grammar* [M]. London: Routledge, 2014.

Hasan, R. *Language, Society and Consciousness* [M]. London: Equinox, 2005.

Hasan, R. *Semantic Variation: Meaning in Society and in Sociolinguistics* [M]. London: Equinox, 2009.

Hasan, R. & Cloran, C. A Sociolinguistic Interpretation of Mother Child Talk [C]// J. Gibbons, M. A. K. Halliday & H. Nicholas. (eds.) *Learning, Keeping and Using Language: Selected Papers from the*

8*th World Congress of Applied Linguistics*. Amsterdam: John Benjamins, 1990: 67 - 99.

Hansen-Schirra, S. , Neumann, S. & Steiner, E. *Cross-linguistic Corpora for the Study of Translations Insights from the Language Pair English-German* [M]. Berlin: de Gruyter Mouton, 2012.

Jakobsen, A. L. The Development and Current State of Translation Process Research [M]// E. Brems, R. Meylaerts & L. van Doorslaer. (eds.) *The Known Unknowns of Translation Studies*. Amsterdam: John Benjamins, 2014: 65 - 88.

Jakobsen, A. L. Translation Process Research [M]// J. Schwieter & A. Ferreira. (eds.) *The Handbook of Translation and Cognition*. Hoboken: Wiley Blackwell, 2017: 19 - 49.

Knight, N. K. Wrinkling Complexity: Concepts of Identity and Affiliation in Humor [M]// M. Bednarek & J. R. Martin. (eds.) *New Discourse on Language*. London: Continuum, 2010: 35 - 58.

Kunz, K. , Degaetano-Ortlieb, S. , Lapshinova-Koltunski, E. , et al. GECCo—an empirically-based comparison of English-German Cohesion [M]// G. M. A. Lefer & I. Delaere. (eds.) *Empirical Translation Studies: New Methodological and Theoretical Traditions*. Berlin: Mouton de Gruyter, 2017: 265 - 312.

Kunz, K. & Steiner, E. Towards a Comparison of Cohesive Reference in English and German: System and Text [J]. *Contrastive Discourse Analysis: Functional and Corpus Perspectives*, 2012, 6 (1 - 3): 219 - 251.

Kunz, K. & Steiner, E. Cohesive Substitution in English and German: A Contrastive and Corpus-based Perspective [M]// K. Aijmer & B. Altenberg. (eds.) *Advances in Corpus-based Contrastive Linguistics: Studies in Honour of Stig Johansson*. Amsterdam:

John Benjamins, 2013: 201 – 232.

Kunz, K., Lapshinova-Koltunski, E., Martíinez, J. M., et al. *GECCo-German-English Contrasts in Cohesion Insights from Corpus-based Studies of Languages, Registers and Modes* [M]. Berlin: Mouton de Gruyter, 2021.

Lapshinova-Koltunski, E. Cohesion and Translation Variation: Corpus-based Analysis of Translation Varieties [M]// K. Menzel, E. Lapshinova-Koltunski & K. Kunz. (eds.) *New Perspectives on Cohesion and Coherence*. Berlin: Language Science Press, 2017: 105 – 131.

Li, L. & Wu, C. Degree of Intensity in English-Chinese Translation: A Corpus-based Approach [J]. *Functional Linguistics*, 2019, 6(1): 51 – 69.

Lefevere, A. *Translation, Rewriting, and the Manipulation of Literary Fame* [M]. London: Routledge, 1992.

Martin, J. R. Genre, Ideology and Intertextuality: A Systemic Functional Perspective [J]. *Linguistics and the Human Sciences*, 2006(2): 275 – 298.

Martin, J. R. Tenderness: Realization and Instantiation in a Botswanan Town [M]// N. Nørgaard. (ed.) *Systemic Functional Linguistic in Use*. Odense: University of Southern Denmark, 2008a: 30 – 62.

Martin, J. R. Innocence: Realization and Instantiation in a Botswanan Town [M]// N. Knight & A. Mahboob. (eds.) *Questioning Linguistics*. Cambridge: Cambridge Scholars Publishing, 2008b: 27 – 54.

Martin, J. R. Realisation, Instantiation and Individuation: Some Thoughts on Identity in Youth Justice Conferencing [J]. *DELTA*, 2009(25): 549 – 583.

Martin, J. R. Semantic Variation: Modeling Realization, Instantiation and Individuation in Social Semiosis[M]// M. Bednarek & J. R. Martin. (eds.) *New Discourse on Language*. London: Continuum, 2010: 1-34.

Martin, J. R. & White, P. R. R. *The Language of Evaluation: Appraisal in English* [M]. London: Palgrave, 2005.

Martin J. R., Zappavigna, M., Dwyer, P., et al. Users in Uses of Language: Embodied Identity in Youth Justice Conferencing [J]. *Text & Talk*, 2013(33): 467-496.

Martin, J. R. & Quiroz, B. Functional Language Typology: Systemic Functional Linguistic Perspectives [M]// M. Kim, J. Munday, Wang, Z., et al. (eds.) *Systemic Functional Linguistics and Translation Studies*. London: Bloomsbury, 2021: 7-34.

Matthiessen, C. M. I. M. The Environment of Translation [M]// E. Steiner & C. Yallop. (eds.) *Exploring Translation and Multilingual Text Production: Beyond Content*. Berlin: Mouton de Gruyter, 2001: 41-124.

Matthiessen, C. M. I. M. The "Architecture" of Language According to Systemic Functional Theory [M]// R. Hasan, C. M. I. M. Matthiessen & J. J. Webster (eds.) *Continuing Discourse on Language: Vol 2*. London: Equinox, 2007: 505-562.

Matthiessen, C. M. I. M. Translation, Multilingual Text Production and Cognition Viewed in Terms of Systemic Functional Linguistics [M]// F. Alves & L. Jakobsen. (eds.) *The Routledge Handbook of Translation and Cognition*. London: Routledge, 2021: 517-544.

Matthiessen, C. M. I. M., Teruya, K. & Wu, C. Multilingual Studies as a Multi-dimensional Space of Interconnected Language Studies [M]// J. J. Webster. (ed.) *Meaning in Context: Implementing*

Intelligent Applications of Language Studies. London: Continuum, 2008: 146 – 221.

Matthiessen, C. M. I. M. The Notion of a Multilingual Meaning Potential [M]// A. Sellami-Baklouti & L. Fontaine. (eds.) *Perspectives from Systemic Functional Linguistics*. London: Routledge, 2018: 90 – 120.

Matthiessen, C. M. I. M., Wang, B., Ma, Y., et al. *Systemic Functional Insights on Language and Linguistics* [M]. Singapore: Springer, 2022.

O'Donnell, M. The UAM Corpus Tool: Software for Corpus Annotation and Exploration [M]// B. Callejas, et al. (eds.) *Applied Linguistics Now: Understanding Language and Mind / La Lingüística Aplicada Hoy: Comprendiendo el Lenguaje y la Mente*. Almería: Universidad de Almería, 2008: 1433 – 1447.

O'Halloran, K. L., Tan, S., Wignell, P., et al. Interpreting Text and Image Relations in Violent Extremist Discourse: A Mixed Methods Approach for Big Data Analytics [J]. *Terrorism and Political Violence*, 2016, 31(3): 454 – 474.

Sinclair, J. M. Collocation: A Progress Report [M]// R. Steele & T. Threadgold. (eds.) *Language Topics: Essays in Honour of Michael Halliday(volume II)*. Amsterdam: John Benjamins, 1987: 319 – 331.

Sinclair, J. M. *Collins COBUILD English Grammar* [M]. London & Glasgow: Collins, 1990.

Steiner, E. Intralingual and Interlingual Versions of a Text—How Specific Is the Notion of Translation [M]// E. Steiner & C. Yallop. (eds.) *Exploring Translation and Multilingual Text Production: Beyond Content*. Berlin: Mouton de Gruyter, 2001: 161 – 190.

Steiner, E. Explicitation—Towards an Empirical and Corpus-based Methodology [M]// J. J. Webster(ed.) *Meaning in Context—Implementing Intelligent Applications of Language Studies*. London: Continuum, 2008: 235 -278.

Steiner, E. Generating Hypotheses and Operationalizations—The Example of Exlicitness Explicitation [M]// S. Hansen-Schirra, S. Neumann & S. Steiner. (eds.) *Cross-Linguistic Corpora for the Study of Translations*. Berlin: Mouton de Gruyter, 2012: 55 -70.

Teich, E. *Cross-linguistic Variation in System and Text: A Methodology for the Investigation of Translation and Comparable Texts* [M]. Berlin: Mouton de Gruyter, 2003.

Wang, P. Instantiation and Individuation in Buddhist Scripture Translation: A Cross-comparison of the Sanskrit ST and English and Chinese TTs of *the Heart Sutra. Language* [J]. *Context and Text*, 2021, 3(2): 227 -246.

Wang, X. Translator's Gender and Language Features of *the Tao Te Ching* English Translations: A Next Step into the Translation from Individuation Perspective in Systemic Functional Linguistics [J]. *International Journal of English Linguistics*, 2015 (3): 96 -105.

Wu, C. *Modelling Linguistic Resources: A Systemic Functional Approach* [D]. Sydney: Macquarie University, 2000.

Wu, C. Corpus-based Research [M]// M. A. K. Halliday & J. Webster. (eds.) *Continuum Companion to Systemic Functional Linguistics*. London: Continuum, 2009: 128 -142.

Yang, Z. Subjectivity in Translation as Interlingual Re-instantiation [J]. *Journal of World Languages*, 2015, 2(1): 18 -31.

Yu, H. & Wu, C. Text Complexity as an Indicator of Translational

Style: A Case Study [J]. *Linguistics and the Human Sciences*, 2017, 13(1-2): 179-200.

陈树坤. 角度成分的人际功能及其翻译:基于《红楼梦》平行语料库的研究[J]. 外语与外语教学, 2017 (6): 134-144, 149.

陈树坤, 黄中习. 再实例化视角下民族志多模态译注研究——以《回招亡魂:布洛陀经文》为例[J]. 西藏民族大学学报(哲学社会科学版), 2019 (2): 96-102, 119.

胡富茂, 宋江文, 王文静. 多模态旅游翻译语料库建设与应用研究[J]. 上海翻译, 2022 (5): 26-31.

黄国文. 翻译研究的语言学探索:古诗词英译本的语言学分析[M]. 上海:上海外语教育出版社, 2006.

黄立波. 基于语料库的翻译文体研究[M]. 上海:上海交通大学出版社, 2014.

J. R. 马丁, 王振华. 实现化、实例化和个性化——系统功能语言学的三种层次关系[J]. 上海交通大学学报(哲学社会科学版), 2008 (5): 73-81.

蒋婷, 杨炳钧. 基于平行语料库的中国立法语篇情态操作语的英译探析[J]. 外国语, 2013, 36 (5): 86-93.

李发根. 唐代咏物生态诗篇《在狱咏蝉》与语类翻译[M]//司显柱, 常晨光. 功能路径翻译研究:第一辑. 广州:中山大学出版社, 2022: 170-180.

王汐. 实现化、示例化和个体化三维翻译模型——以《道德经》英译为例[D]. 重庆:西南大学, 2016.

王汐. 个体化翻译视角下《道德经》英译本译者性别与语言特征研究[J]. 陕西教育, 2017 (12): 4-6.

王汐. 实例化、实现化与个体化三维翻译视角——以《道德经》英译为个案[J]. 外语教学, 2018 (2): 86-90.

王汐, 杨炳钧. 系统功能视阈下的个体化翻译——以《道德经》英译为例 [J]. 翻译季刊, 2015 (77): 26–48.

许钧. 翻译的主体间性与视界融合 [J]. 外语教学与研究, 2003 (4): 290–295.

杨忠. 翻译作为再实例化过程的语篇意义对等及译者主体作用 [J]. 外语与外语教学, 2017 (4): 97–107.

赵晶. 再实例化视角下政治文本标题的翻译策略与方法 [J]. 北京科技大学学报 (社会科学版), 2020, 36 (1): 30–38.

系统功能语言学应用于翻译研究的新发展：理论与方法

于迎晨

摘要： 本研究旨在探讨系统功能语言学在翻译研究中的最新进展，从理论和方法论两个方面进行分析。在理论方面，本文重新审视了 SFL 最近发展的实例化和个体化理论，以及包含实现化在内的三维模型。在方法论方面，本文探讨了系统功能语言学视角下计算机建模和语料库技术的发展在翻译研究中的应用。研究发现，系统功能语言学在理论和技术应用的发展为翻译研究提供了一个包含文本分析、翻译过程建模和译者主体性研究在内的综合模型。

关键词： SFL　实例化　个体化　翻译过程　主体性　计算机建模　语料库

"翻译中国"的功能路径
——第二届全国功能路径翻译研究学术论坛综述

芈 岚[*]

摘要：第二届全国功能路径翻译研究学术论坛于2022年11月12日至13日以线上线下结合的方式召开，线下的主会场设在北京第二外国语学院，论坛发布了辑刊《功能路径翻译研究（第一辑）》。会议由首日的两场主旨报告和次日的两场平行分论坛组成，共计13位特邀嘉宾和300多位专家学者、研究生聚焦系统功能语言学理论视域的翻译研究，共同探讨如何借助该理论向世界翻译中国，助力中国文化走出去。本文对上述报告进行综述。

关键词：功能路径　翻译研究　论坛　综述

20世纪50年代末，雅各布森的著名论文《翻译的语言观》的发表，开启了现代翻译学研究（Translation Studies）的新阶段。彼时起，与翻译有着直接或间接关联的学科，如语言学、符号学、人类学、哲学、社会学、跨文化交际学等等的成果，被应用于翻译研究领域，构建出许多兼具深度和解释力度的翻译理论。

---

[*] 芈岚，博士，研究方向：文学、影视翻译研究。

由于不容辩驳的切近性，语言学的研究和文化研究的成果极大地影响了翻译研究以及翻译批评研究，尤其是一些具有代表性的语言学理论和文化研究理论，包括以奈达（Eugen Nida）、纽马克（Peter Newmark）为代表的结构主义语言学，以赖斯（Katharina Reiss）为代表的功能主义，以豪斯（Juliane House）、贝克（Mona Baker）为代表的话语分析，由巴斯内特（Susan Bassnett）引领的翻译的文化转向，以图里（Gideon Toury）为代表的规范及描述翻译学，以韦努蒂（Lawrence Venuti）为代表的后现代主义译论，以及韩礼德等建立和发展的系统功能语言学。

系统功能语言学延循以人类学为本的语言研究传统，强调以语言的意义而非形式作为语言研究的对象，突出语言的社会性、文化性特质，聚焦于语言的功能研究，即研究语言在实际的用语环境、言语情境中所表达的意义。系统功能语法着眼于语篇的研究，关注使用和惯用，而不是"语法性"。对于强调意义转换的翻译而言，系统功能语言学的意义在于，它讲究在植根于原文社会文化语境特点的基础之上，深入分析原文的语义，再将原文转换为符合译入语相关语境和用语习惯、贴合译入语文化表征以及意识形态的语义输出，从而实现从原语到译入语的语义功能转换及再现。

随着我国的综合国力不断增强，国际影响力日益增加，迫切需要在国际社会构建与之相适应的多维度的负责任的大国形象。因此，我们需要做好中华优秀文化的输出工作，树立自信的文化强国形象。党的二十大报告提出，要加快构建中国话语和中国叙事体系，加强国际传播能力建设，全面提升国际传播效能，形成同我国综合国力和国际地位相匹配的国际话语权。翻译是中国文化对外传播、国际话语权建构的重要途径，如何更好地通过翻译助力中国文化"走出去"，用切实的翻译成果向世界展示我们文化自信的强大根基，是目前国内学界有关翻译研究的重中之重。

2022年11月12日至13日，第二届全国功能路径翻译研究论坛的召开，可谓是恰逢其时。来自全国各地高校的300多名学者、研究生齐聚云端，以"系统功能语言学理论在翻译研究中的适用性"为主题，共同探索"翻译中国"的功能路径。

此次论坛由北京第二外国语学院高级翻译学院主办，《中国外语》《上海翻译》《解放军外国语学院学报》和《北京第二外国语学院学报》协办，采取线上和线下结合的方式进行，包括2场主旨报告和2个平行论坛。包括教育部长江学者特聘教授黄国文、澳门大学终身荣誉教授张美芳在内的13位学者做了主旨发言，来自全国多所大学的29位专家学者、研究生在平行分论坛里分享了自己在系统功能路径翻译研究领域的研精覃思以及最新斩获。

作为东道主，北京第二外国语学院校长计金标出席论坛并致辞，对各位专家、学者通过云端参与本次论坛致以衷心的感谢和热烈的欢迎，并向与会代表介绍了学校翻译学科、专业的历史、优势和特色。计金标校长强调，北京第二外国语学院以外语为优势的特色从未改变，翻译是学校的优势和重点发展学科。此次论坛是在党的二十大胜利召开之后外语学界、翻译学界的一件大事，相信在各位与会专家的支持和诸多学者的共同努力下，功能路径翻译学术研究事业必将蓬勃发展。高等教育出版社外语出版事业部主任肖琼女士代表协办方对论坛的成功召开致以诚挚的祝贺，指出在国家双一流学科建设和新文科理念的推动下，此次论坛的开展对于促进学科的交叉融合，进一步探讨系统功能语言学理论在翻译研究中的适用性及其在翻译实践中的指导意义，都具有重要的推动作用。她特别指出，党的二十大报告指明：要以社会主义的核心价值观为引领，发展社会主义先进文化，弘扬革命文化，传承中华优秀的传统文化；要不断提升国家文化软实力和中华文化影响力，增强中华文明的传播力、影响力，坚守中华的文化立场。肖琼认为论坛有助于贯彻落实党的二十大关于建构中国对外话语体系、讲好中国故事、加强中国国际传播能力建设的精神。

1. 主旨报告综述

教育部长江学者特聘教授、华南农业大学外国语学院院长、博士生导师黄国文教授首先发言。黄国文教授明确表示，学者的研究要紧跟国家的战略发展；做翻译研究的学者更是肩负着传播中国声音、讲好中国故事的重责。要主动"走出去"，用实际行动践行中国特色社会主义道路自信、理论自信、制度自信、文化自信，鼓励年轻人结合中国的实际情况去创新多种"走出去"的路径，"翻译中国"之路方能周道如砥，其直如矢。在其名为"系统功能翻译研究的'请进来'与'走出去'"的主旨报告中，黄国文教授指出，无论我们做什么，都必须有想与外界沟通的愿望和行动，"请进来"与"走出去"同样重要。四十年多前中国的改革开放，给外语界带来了"请进来"的机遇和挑战，外国学者关于翻译研究的思想、理论、著作陆续被介绍进来，得到解读、应用和批评，因此过去几十年中国的翻译研究取得令人瞩目的成果。进入新时代的今天，期待中国人走向国际舞台时，要求中国学者"走出去"，讲好中国的故事，构建中国的话语体系，介绍中国的翻译研究理论与实践。从事系统功能语言学研究的中国学者，走的也是这条路。黄教授在报告里详细分析了中国的系统功能翻译研究（systemic functional translation studies）的状况，并讨论了系统功能翻译研究助力中国文化"走出去"的可行性和可操作性，从宏观和微观两个层面厘清了系统功能翻译研究后续发展的路线图。

来自澳门大学的张美芳教授结合自身的研究经历，对系统功能语言学同翻译研究相结合的具体过程做了颇为生动的回顾。张美芳教授提到，翻译研究（TS）在学术上是一门相对年轻的学科，而且本身的理论并不多，因此要借鉴其他相关领域的研究成果和理论以发展和建构自己的研究方法与范畴。在相关领域众多的理论中，系统功能语言学自 20 世纪 70 年代以来在翻译研究中得到广泛的应用，批评话语分析在过去十几年也逐渐进入翻译研究领域。现如今的翻译研究已经从对翻译技巧的关注拓展到关注目标语的社会文化环境、意识形态、政治权力，功能导向翻译研究的重点关注就是翻译作品在目标语文化中所起的作用，用翻译的作品去影响目标语文化，这便是翻译的意义所在。然而上述方面需要理论的支撑，才能使研究更加系统、更加深入。结合张美芳教授自身的研究专长，她的主旨报告聚焦于系统功能语言学（SFL）和批评话语分析理论（CDA）之间的关系，追溯 CDA 的发展及其研究方向，在此基础上，探讨将 SFL 和 CDA 结合起来构建翻译研究框架与方法的可行性。

从"翻译世界"到"翻译中国"的转变是我国综合国力不断提升的标识和必然要求，在"翻译中国"的宏大体系中，对外宣传是最重要的组成部分。中山大学国际翻译学院院长、博士生导师常晨光教授以"功能语言学视角下的外宣翻译"为题目的主旨报告讨论了系统功能语言学理论对外宣翻译的重要启示。常晨光教授指出，近年来，国家十分重视外语和翻译，习近平总书记的多次讲话都与此有关：在"不忘初心、牢记使命"主题教育工作会上，习近平总书记强调要加强我国的国际传播能力建设。在中央人才工作会上，习近平总书记又说要培养造就一批善于传播中华优秀文化的人才，发出中国声音，讲好中国故事，不断提高国际传播影响力、中华文化感召力、中国形象亲和力、中国话语说服力、国际舆论引导力。2022 年 8 月，习近平总书记回信勉励外文出版社的外籍专家为促进中国和世界各国的交流、推进构建人类命运共同体共同做出新贡献。习近平总书记在信中提出,要通过准确传神的翻译介绍,让世界更好地认识新时代的中国。这对推进中外文明交流互鉴是非常有意义的。要用融通中外的语言、优秀的翻译作品讲好中国故事,引导更多的外国读者读懂中国,促进中国和世界各国交流沟通,推进构建人类命运共同体做出新的贡献。常晨光教授接着表示,在加强国家传播能力建设的大背景下,翻译工作开始从"翻译世界"向"翻译中国"转变。作为新时代的翻译人,我们不但要继续把世界优秀的文化翻译介绍给中国,而且更紧迫的是要把我们中国的优秀文化翻译出去、介绍给世界,构建我们自己的国际话语体系,助力中国参与全球治理。外宣翻译是为我们党和国家大局服务的,在国际传播能力建设中具有举足轻重的地位。所以,怎么做好外宣翻译是我们都需要共同探讨的一个非常重要的话题。常教授的主旨报告探究的便是系统功能语言学对外宣翻译的一些重要启示。系统功能语言学强调语言的社会符号功能,关注语篇产生的语境以及语篇中语域、语篇体裁与语言选择之间的密切联系,凸显语言意义的重要性。报告通过对中国政府最近几年发布的三部白皮书的中英文版本的对比分析,揭示成功的译本在翻译策略选择上所体现的功能思想,尤其是意义的对等方面。

在《上海翻译》主编傅敬民教授名为"新时代翻译功能探析"的报告中,傅教授认为翻译已然成为一门相对独立的学科,如果还仅仅将翻译视作两种语言之间的转换,无疑会遮蔽翻译的其他许多功能。然而对于翻译的功能,目前还缺乏系统的认识。对翻译功能的认识不足,在很大程度上又会导致人们对翻译本身的认识也呈碎片化、片面性。从不同的视角切入翻译功能,往往强调一点而不及其余。傅教授从鲁曼的社会学功能系统理论的角度入手,提出任何系统都是基于相应功能建构,系统的存在有赖于系统功能性地处理系统内部、系统与系统、系统与环境之间的关系,通过区分、自律以及建构自我参照体,保障功能的实现,维持系统的发展。傅教授报告的核心思想就是要借鉴功能系统理论审视新时代翻译及其功能，助益、丰富翻译功能观。

来自西班牙塞万提斯大学的 Christian M. I. M. Matthiessen 教授的主旨报告围绕"系统功能之于翻译：系统功能语言学如何应用于翻译研究"（Functional Engagement with Translation: What SFL Can Contribute to Translation）展开。报告追溯了人类语言的历史，指出单语（Monolingualism）是现代语言出现后并不断演进的过程中才出现的一种语言现象，其本质是当代许多民族国家标定自身的一种属性。而通过对历史的校考则不难发现，我们的祖先都是生活在多语或复语的环境中。包括韩礼德（1972）、埃文斯（2010）在内的许多语言学家共持上述观点。故而，Matthiessen 认为任何一种通用的语言学理论都会将复语作为研究的重点关照之一，即所谓的复语研究（multilingual studies），要能够描述复语使用者的复语意义潜势的框架结构。利用这个框架体系，复语者可以在多种语言之间转换，将多种语言混合，用一种语言给另一种语言注解，将一种语言转述或者翻译成另一种语言。这些都是目前"语言穿梭"（translanguaging）研究的核心组成部分。20 世纪中期创建的许多重要的语言学理论并未将复语纳入其研究范围，在这方面，系统功能语言学无疑是一个可喜的例外。1956 年，韩礼德分别就汉语研究以及机器语言研究撰写了两篇论文。在其后的研究中，韩礼德不断尝试用系统功能语言学来描述不同的语言，开展包括人工和机器在内的翻译研究，为系统功能语言学理论在翻译研究中的应用奠定了系统而又坚实的基础。

翻译质量评估一直是司显柱教授的研究兴趣点所在，他在将系统功能语言学应用于翻译研究方面开展了卓有成效的探索。司显柱教授表示，之前有关从系统功能语言学角度对翻译质量进行评估的研究要解决的问题是如何判定译文与原文在概念意义和人际意义上是否对等。在此基础之上，司显柱教授开始进一步研究如何评判译文的语言是否通畅优美。任何一种评估模式的构建都是建立在大量的语料分析基础上的,此次主旨报告的主要内容就是以系统功能语言学中的体裁分析理论为指导,通过对自建小型语料库的三类企业简介文本的结构分析,归纳了该类体裁的中、英文语篇的结构潜势(GSP),分析与对比其异同,并以此为基点,进而讨论如何改进中文企业简介体裁文本的英译质量。司显柱教授在总结时表示,要做好"翻译中国",关键要从了解西方的话语交流模式入手,探索中西话语交流融合的话语,创新模式。以往的研究主要限于中外语言在词语、修辞和句子结构层面上的异同并据此探讨翻译的对策与方法,却较少从体裁角度关注语篇整体层面的宏观结构差异以及相应的翻译策略。司显柱教授从体裁结构模式角度的探讨对于做好其他体裁文本的对外翻译、讲好中国故事,不无启示。

北京外国语大学博士生导师何伟教授向论坛做了名为"从汉语流水句及其英译看汉英主客离合特质"的报告。在这篇取精用宏的报告中,何伟教授以汉语流水句及其英译为例,从主语、谓体、逻辑关系三个角度探讨汉英的主客融合及分离特质。何伟教授表示,学界不少专家学者都从主语和逻辑关系的角度对语言之间的本质差异进行过研究,不少学者也都认同本质差异是因为哲学思维方式不同这一观点。此篇报告从系统功能语言学视角来聚焦汉语流水句及其英译,其研究目的就是探讨两种语言的特点,并从哲学基本思维方式异同的角度对之进行阐释。基于之前的研究发现,何伟教授指出,较之英语,汉语主语隐含现象更为常见,有灵性和词类兼容性突出;汉语谓体的功能划分比较模糊,英语谓体的功能划分较为明确;汉语以直接融入语境的方式识别小句逻辑关系,英语通过显性语法手段编码小句逻辑关系。不同的句法特点表明,两种语言的本质差异在于哲学基本思维方式的不同:汉语主张天人合一、主客融合;英语注重本体追问、主客分离。

随着数字化传媒技术的发展和人类交际模式的更新,翻译研究从只关注语内、语际翻译,开始转向多模态的"符际翻译"范畴,但学界相关研究相对较少。中山大学国际翻译学院博士生导师曾蕾教授的主旨报告"符际翻译中投射的再现意义",依据系统功能语言学和视觉语法理论,探讨投射符际翻译的再现功能分析模式,并以此模式分析相关多模态语篇中的投射现象,解析符际翻译中投射的再现功能语义扩张机制。符际翻译探讨的是符号转换过程中意义的变化,符号一旦转换,原语篇的意义在何种程度上被保留或转化就需要构建系统化的理论模式对其进行分析,翻译研究的挑战来自对不同符号资源的系统比较。因此,所需的理论模式不仅要适用于描述,更要适用于阐释的分析模式。曾蕾教授认为,之前对符际翻译的理论性探讨有很多不足的地方,而系统功能语言学的社会符号观可弥补符际翻译理论的缺陷,为其建立同时具有描述性和可阐释性的分析模式。

"中外学者学术语篇立场建构的对比研究"是北京师范大学外国语言文学学院博士生导师于晖教授的主旨报告题目。在报告中,于晖教授首先就"学术语篇立场"这一概念做出阐释:指作者或说话者对命题内容的态度、情感、价值判断或承诺等。在参考 Hyland(2005)和 Yang(2013)等人研究成果的基础之上,于晖教授的研究构建学术语篇作者立场标记的分析框架,对比分析中外期刊英文论文摘要中立场标记语的分布特征。研究结果表明,中外学者在立场表达方面既有共性也有差异。首先,中外期刊均搭配使用多种立场标记语以阐述研究结果,较少使用态度标记语,较多使用第一人称自我指称语。同时,国内期刊多用强势语和态度标记语,国外期刊中模糊限制语及自我指称语的使用更加频繁、均衡且类型丰富;国内学者在阐述研究启示时多使用强势语并倾向于使用评价标记语直接点明研究意义,而国外学者多用模糊限制语表明研究启示并倾向于使用评价标记语间接揭示研究价值。基于研究分析，于晖教授在报告中提出以下英译策略：第一，平衡模糊限制语和强势语的比例；第二，使用态度标记语时应考虑到文化差异，把握读者心理；第三，充分利用自我指称语建构作者身份。

韩山师范学院刘毅教授在题为"再实例化与再语境化视角下的翻译模型构建"的主旨报告的一开篇就提出了两个标新立异的概念，即翻译研究中的"相对论"和"相通论"。刘毅教授认为，中英两种语言之间存在着"语义鸿沟"，两种语言在时态、句法、词句与语篇等方面的差异就是语义鸿沟的具化体现，故而两种语言之间翻译的对等只能是相对的。在简要介绍了马丁有关系统功能语言学研究的三大维度之后，刘毅教授聚焦于其中的实例化与体现化，提出依据这两大维度，翻译可以视为再实例化与再语境化的跨文化活动。语言翻译既是互文性再实例化的产物，也涉及再语境化意义的跨文化迁移。由于不同语言的社会与文化之间的差异构成翻译的制约因素，在翻译的再实例化与再语境化过程中，语义投入与语境迁移呈现不同程度的变化。刘毅教授的研究将再实例化与再语境化作为两个连续体交叉形成拓扑图，根据意义投入与语境迁移的不同程度区分四类动态的翻译语义，构成一个新的翻译模型，并以术语翻译为例进行阐释。

优秀的中国传统文化一直都是"翻译中国"的重要内容，是"中国文化走出去"宏大篇章里光彩溢目的音符。诸如《论语》等儒家经典著作历来都是翻译家和翻译研究学者们孜孜不倦的研习对象。中山大学国际翻译学院博士生导师王勇教授从类型学研究的视角入手，以"话题突出到主语突出"为题目，对"能够集中体现古汉语话题突出、主语突出"的《论语》翻译做出了条分缕析的阐释。王勇教授的报告深入浅出。他指出，在Li & Thompson（1976）的类型划分中，汉语属于话题突出型语言，英语属于主语突出型语言。古汉语符合话题突出型语言的特征，"话题—述题"是小句结构的核心。《论语》中的话题句类型多样，分布极广，话题的实现手段丰富，充分体现了话题突出的类型特点。在英语译文中，话题分别译作主语、补语、状语等，各自在以"主语—谓语"为核心的小句中具有明确的句法身份，话题突出的特征被主语突出的特征取代。王勇教授进一步表示，《论语》的英译，在句法层面采取了归化的翻译策略，在类型学上属于从"话题突出"到"主语突出"的转变，原文和译文体现了各自语言的类型特征，较好地实现了两种语言翻译过程中围绕意义的功能对等。在报告的结尾处，王勇教授强调，虽然说汉语是典型的话题突出性语言，英语是典型的主语突出性语言，但并不是说话题突出与主语突出是互相排斥的，二者你中有我，我中有你。英语中也存在不少话题句，汉语中也有很多种主谓句，两者只是主次和轻重之分。

无论是英译汉还是汉译英，长难句的翻译一直以来都是不小的挑战，翻译硕士的学位论文绝大多数都讨论这一问题，就是一个明证。博士生导师杨炳钧教授主旨报告的题目是"长难句英译的过程关属视角"。依据"过程关属框架"的思想，借助语料库工具 UAM Corpus Tool，杨炳钧教授团队以 2021 年 7 月 1 日习近平总书记在庆祝中国共产党成立 100 周年大会上的讲话为例，深入观察该讲话及其英译文在过程关系上的对应程度。通过分析与对比，杨炳钧教授提出，长难句翻译要忠实可靠，就应该遵循一个基本原则，即过程上有足够的对应。过程上有足够的对应，就能实现"信与达"；过程上的偏离往往就造成"雅化"或者"去雅化"。有些文本需要尽可能忠实，不允许"雅化"，也就是不允许过程上的压缩。有些文本允许"雅化"或者"去雅化"，这就要求原文本的过程与目标文本的过程要有足够的偏离。忠实是翻译最基本的要求，雅则更多的是另一个层面上的创造。

独立学者王博是主旨报告的压轴发言人,报告题目是"语境意义重构视角下的翻译理论建构"(Theorizing Translation as Recreation of Meaning in Context)。王博表示,按照 Christian Matthiessen 的观点,在理论层面,翻译被定义为有选择的语境中的意义重构。据此,翻译应该被理解成一个符号学过程,而不是符号学过程的产物。在翻译的过程中,可以根据意义的范围来标定被重构的意义。因此,译者在翻译过程中对意义的重构就是概念意义的重解、人际意义的重塑、译者根据自己所处的复语意义潜势通过系统的选择而进行的语篇意义的重现。根据语言的级阶,用来解释原文文本、重构目的语文本的语言选择都可以通过对词汇语法和语义的探究,通过对影响语域的三要素语旨、语式和语场的关联来进行阐释和分析。在报告中,王博先介绍了 Christian Matthiessen 将翻译视作意义重构的理论,然后基于对具体翻译实例的应用分析来解释上述理论建构,并向论坛报告了新近的一些研究所得。

2. 平行分论坛综述

在会议第二天举行的两场平行分论坛中,有来自国内近 30 所高校的专家学者、研究生发表了共计 29 篇报告。其中,有 20 篇是从不同角度探究中华优秀文化的外译、外宣以及外传等问题。关于中国古典巨著外译研究的报告,比如广西民族师范大学王肖的"典籍翻译中的图文关系研究——以《西游记》译本为例",南开大学宣伟的"《大唐西域记》英译文功能语境重构探析",贵州大学张晋豪的"《论伤寒》在日本的现当代传播与接受研究",中山大学于迎晨的"《琵琶行》英译文的翻译题材研究——文本复杂度视角",中国民航大学韩淑蕊的"'求真—务实'连续统评价模式下论《红楼梦》章回题目英译——以杨译本为例",贵州大学龙书琴的"翻译目的论视角下法律典籍《唐律疏议》的日译策略研究",贵州大学高芳的"漫画版《〈黄帝内经〉——养生图典》在日本的译介效果研究"。关于中国诗词的研究,包括青岛大学刘冰的"毛泽东诗词中夸张修辞的英译策略研究——以《许渊冲英译毛泽东诗词》为例",深圳市龙岗区平岗中学李胜云的"系统功能语言学视野下的英汉诗歌翻译赏析——以许渊冲英译《苏轼诗词》为例",吉林大学赵雪君的"生态语言学视角下的陶渊明诗歌及其英译本的及物性隐喻研究",贵州大学吴秋迪的"彝族诗人吉狄马加《身份》在日本的译介与传播研究"。关于中国当代文学作品研究的,有浙江财经大学李若楠的"国际机构翻译视域下的《邓小平文革岁月》英译探析",广州财经大学欧阳珊的"译者行为批评视域下《生死疲劳》中乡土语言的译者行为度研究",西北工业大学杨陇的"语料库视域下时空指示语的翻译转换对小说叙事视角的影响——以《世事如烟》英译文为例"。

中山大学的王华斌教授做了名为"作为政治公共关系行为的'人类命运共同体'相关文本的翻译:中国文化视角"的报告,深度解析了相关文本翻译的文化功能以及公共关系建构功能。首都经济贸易大学伟圣鑫的报告"'风雨无边,翻译有度'——'虫二'现象不可译性程度问题研究"从著名的"虫二"二字入手,探讨了翻译中的不可译性问题以及应对策略。中山大学谢桂霞、韦倩、夏凤琪、马韵恬、梁颖雯、欧娟伶的"中美生态话语的对比与翻译——生态语言学视角",李东齐的"汉英语气系统对比和翻译——以语气词'嘛'的英译为例",谢桂霞、胡懿、张皓宇、杨洁的"英汉外交话语评价资源的对比与翻译——以中美高层战略对话为例",三篇报告均是从英汉对比与翻译的角度来对相关的汉英文本进行比较研究。浙江理工大学于天博、沈冯村、徐冰露的"系统功能语言学视角下十九大报告排比修辞翻译策略研究"聚焦于十九大报告中的排比句翻译。云南民族大学臧悦的"生态翻译学视角下导游词英译策略研究"从生态发展的角度审夺导游词的英译，更添译文的人与自然和谐共生之义。

平行分论坛中还有很多学者志在探究系统功能语言学应用于翻译以及翻译质量评估的学理性，比如南昌师范学院李发根教授的"韩礼德功能—层次矩阵理论与翻译分类分级建构"，中山大学文艺昕的"小说新词的异化翻译策略在功能语境中的实现——以小说《魔戒》为例"，北京外国语大学苏玥玥的"系统功能语言学视角下口译质量评估及译者人际协调研究"，上海海事大学彭颖的"基于系统功能语言学理论的平行译本分析——以《老人与海》为例"，广东外语外贸大学唐栩宜的"系统功能语言学视角下《中华人民共和国民法典》英译质量评估"，东南大学李亚峰的"系统功能语言学理论下应用型文本的翻译研究"，中国石油大学（华东）陶独尔的"浅析语域对科技文本翻译的影响"等。这些报告都是将系统功能语言学理论同不同类型文本的翻译实践以及翻译质量评估相关联的研究成果，进一步佐证了系统功能语言学应用于翻译相关研究的合理性、科学性和较强的学理阐释能力。

在成功完成了论坛所有的既定安排和议程之后，第二届全国功能路径翻译研究学术论坛于2022年11月13日中午圆满闭幕。在此次论坛上，来自翻译界、功能系统语言学界的诸多专家学者分享了各自最新的研究成果，彼此的观点和见解山鸣谷应，必将极大地助力系统功能路径翻译研究的长足发展，鼎力同筑"翻译中国"的功能之路。

参考文献

黄国文. "请进来"与"走出去"：关于学术国际化问题的思考[J]. 外国语，2018（4）.

黄国文, 张培佳. 系统功能语言学的性质、特点及发展 [J]. 中国外语, 2020 (5).

刘军平. 西方翻译理论通史 [M]. 武汉: 武汉大学出版社, 2009.

司显柱. 功能语言学与翻译研究——翻译质量评估模式建构 [M]. 北京: 外语教学与研究出版社, 2016.

Functional Approach to "Translating China": A Summary of the Second National Symposium on Systemic Functional Translation Studies
Mi Lan

Abstract: The Second Functional Approach to Translation Studies Symposium, accompanied by the publication of the first volume of *Functional Translation Studies*, was held in Beijing International Studies University from Nov. 12 to 13, 2022. Most of the keynote speakers, scholars and post graduate students all around the world have presented their research with online attendance. The whole conference is consisted of two keynote forums and two sub-forums. There are in total 13 keynote speakers, and more than 30 scholars and postgraduates from different universities nationwide have reported their studies on systemic functional linguistics and translation. With shared efforts, all attendants are committed to promoting the functional approach to "translating China", to assist the going out of Chinese culture.

Key words: functional approach, translation studies, symposium, summary